高齢者の生活資金捻出の切り札

リバース・モーゲージ

持ち家があなたの老後を
幸せにする

中谷　庄一

老後の生活を安心・安全そして楽しく過ごすための切り札！！「リバース・モーゲージ」

＜利用者のメリット＞

1. 毎月の生活費としての年金不足分の補完

2. 旅行・趣味・娯楽等のために

3. 孫・子の教育・育児・結婚資金のために

4. 家の修繕・リフォームのために

5. 介護施設・老人ホーム等の入居敷金・家賃支払いのために

6. 各種団体・個人への寄付金・支援金協力のために

7. 相続税節税効果

＜国・行政のメリット＞

1. 少子高齢化における、社会保障費の軽減

2. 高齢者の消費が期待でき、景気浮揚につながる

3. 高齢者の自助努力に期待

はじめに

　1994年6月、私は通勤途上、胸苦しさに襲われました。検査の結果、即刻、国立循環器病センターに入院、以来4度のPTCA（フウセン）手術とステント手術のための入退院を繰り返したこともあり、永年勤めた銀行を退職しました。人間、肉体的・社会的に弱者になると、今まで見えなかったものが空しい形で見えてきます。良寛が人の弱さ、愚かさを認め、書や詩歌を好み、自然のままに生きた姿に何か共感を覚えました。また宮沢賢治の「雨ニモマケズ」を今一度読み直してみると、実に含蓄のある詩であることが分かりました。病気をきっかけに、私の死生観も大きく変わりました。残る人生を如何に充実した生き方をするか、世のため人のため自分はどれほどのことができるかを問う意味もあり、著書作成に挑戦しました。

　2002年8月、『リバース・モーゲージって何だ？』というタイトルで全国出版しました。お蔭さまで増刷を重ね、在庫も少なくなってきました。一方、初版の時とは比較にならないほど「リバース・モーゲージ」に関心を持つ人が増え、高齢社会に突入した我が国の社会保障費軽減、経済活性効果、そして相続税対策等にも注目されだした現状を見る時、入門書・マニュアル書として、再度、新しい著書に挑戦したいと思った次第です。

たまたま2011年4月、胸の冠動脈が再狭窄、8時間にわたる心臓バイパス手術を行ったこともあり、命の限界を知り、私の終活の一つとして、新著に取り組みました。

　　　　　　　　　　　平成 28 年 9 月吉日
　　　　　　　　　　　　中谷　庄一

目　次

はじめに ……………………………………………………………………2

第Ⅰ部　少子高齢化と自助努力
財政面からみた社会保障の問題点

第1章　21世紀最重要課題の一つ ……………………………8

第2章　日本の少子高齢化

　　　　── 30年後には65歳以上が1/3に

　　1　日本の年齢区分別人口構成 …………………………10

　　2　少子化と高齢化の原因 …………………………………15

　　3　介護における看護者・介護者の高齢化 …………17

第3章　財政面からみた社会保障の問題点

　　　　── 後世代の負担増

　　1　医療・年金面における世代間不公平 ……………22

　　2　後世代負担増と高齢者の自助努力 …………………25

　　3　経済成長の鈍化と社会保障の見直し ……………25

第4章　財政面における問題点への対応

　　　　── 応分の自己負担とセーフティネット

　　1　日本の社会保障と企業の福利厚生 …………………27

　　2　高齢者は貧乏ではない、応分の負担を ………28

　　3　社会的弱者に対するセーフティネット …………30

　　4　寄付に対する税制面での優遇策 ……………………30

第5章　高齢者自身が考える自助努力

　　　　—— 頼りになるリバース・モーゲージ

　1　応益負担の合理性 ……………………………………………34

　2　リバース・モーゲージと自助努力 ……………………………36

　3　高齢者の健康と介護 …………………………………………40

　4　高齢者の生きがい ……………………………………………42

　5　老後のための財産五分法 ……………………………………43

　6　尊厳死と安楽死 ………………………………………………46

第II部　リバース・モーゲージの仕組みと役割
高齢社会の３Ｋ（健康・介護・金）を自助努力でクリアー

第1章　リバース・モーゲージとは —— 老後の生活保障の切り札

　1　制度利用の仕組み ……………………………………………50

　2　制度の必要性とそのメリット …………………………………52

　3　制度導入の背景 ………………………………………………57

第2章　日本のリバース・モーゲージの現状

　　　　—— 地方自治体、銀行とも消極的

　1　制度導入自治体の現状と問題点 ……………………………66

　2　制度導入銀行の現状 …………………………………………66

　3　国・自治体・銀行の取り組み姿勢 …………………………76

　4　地方銀行・信用金庫の新しい取り組み ……………………76

第3章　制度利用の問題点と対策 ── リスクと公共性
　　　1　問題点 ……………………………………………………80
　　　2　推進への提言 …………………………………………82

補論　1　政府・自民党の政策 ………………………………………90
　　　2　アメリカのリバース・モーゲージと HECM の仕組み…91
むすび ……………………………………………………………95

あとがき　……………………………………………………………99

参考文献 ………………………………………………………………101
著者プロフィール ……………………………………………………103

◎本書は、2002年8月に文芸社から刊行された『リバース・モーゲージって何だ？』をもとに加筆、
　再構成したものです。
◎表1(p.12)図1・表2(p.14)表3(p.20)表4(p.24)表5(p.28)図4(p.29)は、
　2002年出版時(資料名も当時)のものを使用しています。

第Ⅰ部

少子高齢化と自助努力

財政面からみた社会保障の問題点

第1章　21世紀最重要課題の一つ

　21世紀は、環境問題と高齢者問題が最も重要なテーマになると言われています。特に我が国では、人口の高齢化が急速に進行しており、しかも高齢化の度合いも世界で最も高い水準に達するものと予測されています。あらかじめデータ上予想できるものであれば、今から対応しておくことが、日本の高齢者のみならず若者にとっても大切なことではないでしょうか。

　少子高齢化時代に突入する21世紀においては、高齢者は自助の意識を強く持たねばなりません。まさに自助努力の時代となるのです。健康・介護・お金は高齢社会の３Ｋと言われます。自分の健康は自分で守る、すなわち病気に対しては自分の力で立ち向かう自助努力。介護についても、自分で出来る範囲のことは他人の介護に頼らず、自分でやるという強い自助努力。こういった意識は、看護者・介護者の負担を軽くするという意味だけではなく、結局は自分のためでもあるのです。手厚い看護・介護に恵まれた環境で寝たきりでいるのがよいのか、公的介護保険や介護サービスの利用等により、少しでも自分の意思で生活するのがよいのかは、人間の尊厳を考えた場合、明白ではないでしょうか。

　健康・介護の自助努力に対する意識を十分持ち合わせたと

第Ⅰ部　少子高齢化と自助努力

しても、カギをにぎるのは、３Ｋの３番目であるお金だと言えます。「たかが金、されど金」なのです。これは個人が十分なお金を持つという意味だけではなく、国、地方自治体、共済等高齢者を支える団体においても重要なことです。

　本文は、我が国の財政面から見た社会保障の問題点、特に過剰サービスやバラマキ行政を見直し、一方において応益負担・受益者負担的な考え方の必要性について論じるものですが、特に高齢社会の、お金に関する自助に重点をおきたいと思います。歴史の上においても、自助を政策の根幹として成功した為政者は少なくありません。中でも、ケネディ大統領をして、日本の最も尊敬する政治家と言わしめた上杉鷹山※は、次のようなことを言っています。

　まず自助努力。

　それに加えて、コミュニティーでお互いに助け合う共助。

　それを国などのシステムが支える公的扶助。

　この三位一体があってはじめて豊かな長寿社会が実現するのではないでしょうか。また、英国病を克服したサッチャー首相が掲げた哲学は「自ら努力する人々を支援して活力ある社会を作ろう」でした。自助努力の必要性は歴史が証明しています。

　　　※上杉鷹山（1751〜1822）　窮地の米沢藩をみごと再建した藩主。「為せば成
　　　る為さねば成らぬ何事も成らぬは人の為さぬなりけり」は上杉鷹山の有名な
　　　言葉

9

第2章 日本の少子高齢化
── 30年後には65歳以上が1/3に

1 日本の年齢区分別人口構成

　我が国の高齢化は、先進国の中でも最も早いスピードで進行しています。総人口に占める65歳以上の人口の比率（高齢化率）は、1950年（昭和25年）に4.9％でしたが、1970年（昭和45年）は7.1％、2000年（平成12年）には17.2％となり、2025年には27％になると予測されています（表1・2、図1）。

　一方、少子化も進み、0〜14歳の年少人口と65歳以上の高齢者人口は、1997年（平成9年）に逆転し、65歳以上の人口（1976万人）が年少人口（1937万人）を上回りました。

　我が国の年齢構造の変化を知るために、年少人口（0〜14歳）、生産年齢人口（15〜64歳）及び高齢者人口（65歳以上）の3区分別の構成を「人口推計」（総務省）でみると、平成12年10月1日現在、生産年齢人口は8,652万人と総人口の68.2％を占めています。1年前の11年10月1日現在と比較すると、24万人減少しており、総人口に占める割合は、0.3ポイント低下しています。

　生産年齢人口の割合は、平成4年（1992年）の69.8％をピ

10

ークに低下しており、今後、高齢者人口の割合の上昇とは対照的に、平成33年（2021年）には59.4％と6割以下になるものと予想されています。また年少人口については、平成9年（1997年）に高齢者人口を下回ったところであり、今後も年少人口の減少と高齢者人口の増加の傾向は続き、平成34年（2022年）には年少人口は、高齢者人口の半分以下になるものと思われます。

表1　年齢3区分別人口構造の推移と将来推計

年次	総人口 千人	65歳以上人口 千人	年齢3区分構成比 0～14歳 %	15～64歳 %	65歳以上 %	従属人口指数 %	年少人口指数 %	老年人口指数 %	老年化指数 %
大正9年(1920)	55,963	2,941	36.5	58.3	5.3	71.6	62.6	9.0	14.4
昭和25年(1950)	84,115	4,155	35.4	59.6	4.9	67.7	59.4	8.3	13.9
30　(1955)	90,077	4,786	33.4	61.2	5.3	63.3	54.6	8.7	15.9
35　(1960)	94,302	5,398	30.2	64.1	5.7	55.9	47.0	8.9	19.0
40　(1965)	99,209	6,236	25.7	68.0	6.3	47.1	37.9	9.2	24.4
45　(1970)	104,665	7,393	24.0	68.9	7.1	45.1	34.9	10.3	29.4
50　(1975)	111,940	8,865	24.3	67.7	7.9	47.6	35.9	11.7	32.6
55　(1980)	117,060	10,647	23.5	67.3	9.1	48.4	34.9	13.5	38.7
60　(1985)	121,049	12,468	21.5	68.2	10.3	46.7	31.6	15.1	47.9
平成2年(1990)	123,611	14,895	18.2	69.5	12.0	43.5	26.2	17.3	66.2
7　(1995)	125,570	18,261	15.9	69.4	14.5	43.9	23.0	20.9	91.2
8　(1996)	125,864	19,017	15.6	69.3	15.1	44.4	22.6	21.8	96.6
9　(1997)	126,166	19,758	15.3	69.0	15.7	44.9	22.2	22.7	102.0
10　(1998)	126,486	20,508	15.1	68.7	16.2	45.5	21.9	23.6	107.6

第Ｉ部　少子高齢化と自助努力

12	(2000)	126,892	21,870	14.7	68.1	17.2	46.8	21.5	25.3	117.6
17	(2005)	127,684	25,006	14.3	66.1	19.6	51.2	21.6	29.6	137.1
22	(2010)	127,623	28,126	14.3	63.6	22.0	57.2	22.6	34.6	153.6
27	(2015)	126,444	31,883	14.2	60.6	25.2	65.0	23.4	41.6	177.7
32	(2020)	124,133	33,335	13.7	59.5	26.9	68.2	23.0	45.2	196.2
37	(2025)	120,913	33,116	13.1	59.5	27.4	68.0	22.0	46.0	209.3
42	(2030)	117,149	32,768	12.7	59.3	28.0	68.6	21.4	47.1	220.2
47	(2035)	113,114	32,787	12.7	58.3	29.0	71.4	21.7	49.7	228.5
52	(2040)	108,964	33,726	12.9	56.1	31.0	78.1	23.0	55.1	239.8
57	(2045)	104,758	33,497	13.1	54.9	32.0	82.0	23.8	58.2	244.3
62	(2050)	100,496	32,454	13.1	54.6	32.3	83.0	23.9	59.1	247.0

（注1）　将来推計人口は、中位推計値を用いた。
（注2）　年少人口指数＝(15歳未満人口)÷(15～64歳人口)×100
　　　　　老年人口指数＝(65歳以上人口)÷(15～64歳人口)×100

$$従属人口指数＝年少人口指数＋老年人口指数＝\frac{(0～14歳人口)＋(65歳以上人口)}{(15～64歳人口)}×100$$

　　　　　老年化指数＝(65歳以上人口)÷(15歳未満人口)×100

資料：総務庁統計局『国勢調査』(総数に年齢不詳分を含む)
　　　平成3～6年及び8～10年は同『推計人口』(10月1日現在)
　　　平成12年以降は国立社会保障・人口問題研究所『日本の将来推計人口』(平成9年1月推計)。

表2　人口高齢化速度の国際比較

	1985年 (昭和60年)	1995年 (平成7年)	2005年 (平成17年)	倍化年数 (高齢化率7%→14%)	
日　　本	10.3%	14.6%	19.6%	24年間	(1970年→1994年)
アメリカ	11.8	12.5	12.4	71	(1942年→2013年)
フランス	13.0	15.0	16.7	115	(1864年→1979年)
ド イ ツ	14.6	15.5	17.8	40	(1932年→1972年)
イギリス	15.1	15.9	15.9	47	(1929年→1976年)
スウェーデン	17.9	17.6	16.6	85	(1887年→1972年)

資料：総務庁統計局「国勢調査」
　　　国立社会保障・人口問題研究所『日本の将来推計人口』(平成9年1月推計)(中位推計)
　　　UN,The Sex and Age Distribution of World Population,1998による
　　　各年央推計人口に基づく。

図1　先進諸国の高齢化率の推移

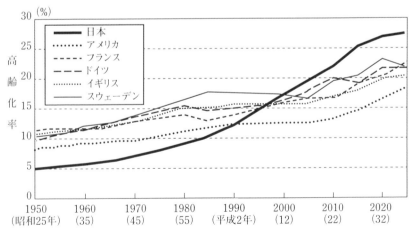

資料：表2に同じ

第Ⅰ部　少子高齢化と自助努力

2　少子化と高齢化の原因

出生率と死亡率の低下

　我が国の戦後の出生状況を、合計特殊出生率（15歳から49歳までの女性の年齢別出生率を合計したもので、一人の女性が仮にその年齢別出生率で一生の間に産むとしたときの子供数に相当する）で見てみましょう。

　合計特殊出生率は、終戦後のベビーブーム（昭和22～24年）以降急速に低下し、昭和31年（1956年）に2.22となった後、人口が静止するために必要な水準（2.1程度）で推移してきました。

　これが変化したのが昭和50年代以降であり、50年（1975年）に1.91と2.0を下回り、平成5年（1993年）には、さらに1.46と1.50を割り、平成17年（2005年）には1.26と過去最低を更新しています（**図2**）。

　一方、死亡率の低下をみると、我が国の死亡率（人口千人当たり死亡数）は、生活環境の改善、食生活・栄養の改善、医療技術の進歩等により、乳幼児や青年の死亡率が大幅に低下したため、急速に下がりました。

　戦後の死亡率の推移を「人口動態統計」（厚生省）でみると、昭和22年（1947年）の14.6から38年（1963年）には7.0と半減し、54年（1979年）には6.0と最低を記録しました。

　近年の死亡率は上昇傾向にあり、平成27年（2015年）には

15

10.3となっています。

なお、死亡数の約4分の3を占める65歳以上の高齢者の死亡率（千人に対し）は近年も引き続き低下傾向にあり、平成23年（2011年）は36.0となっています。

乳幼児死亡率（出生千人当たりの出生後1年未満の死亡数）をみると、昭和22年（1947年）には76.7でしたが、その後急速に低下して40年（1965年）には18.5となり、平成27年（2015年）には1.9となっています。

図2　出生数と合計特殊出生率の推移

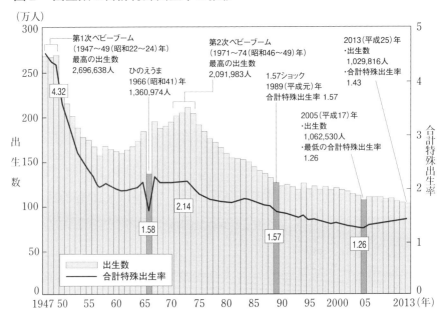

資料：厚生労働省「人口動態統計」
　　　「平成27年版 少子化社会対策白書」（内閣府）
　　　(http://www8.cao.jp/shoushi/shoushika/whitepaper/measures/w-2015/27pdfgaiyoh/pdf/s1-1-1.pdf) 掲載図をもとに作成

第Ⅰ部　少子高齢化と自助努力

女性が子供を産まない背景

戦後は女性の地位の向上傾向が高まり、教育の面において、女性の短大・大学への進学率が増加しました。戦前においては、18 歳〜20 歳という年齢は既に結婚し第1子をもうける年齢でした。ところが女性の高学歴化が進み、彼女らが卒業する年齢は 20 歳〜22 歳以上となり、さらに就職という形で職場進出が進み、4〜5年勤務すれば 25 歳〜30 歳となり、晩婚化状態の現象が見られるようになったのです。

一方、結婚しても働く、いわゆる共働き夫婦が増えました。子供を育てながら働く環境は、我が国では企業でも国でも整っておらず、出産に対する女性の考えは消極的にならざるを得ませんでした。

3　介護における看護者・介護者の高齢化

厚生労働省の「簡易生命表」によると、我が国の平均寿命が女性87.05歳、男性で80.79歳と過去最高になりました。女性は世界二位の長生きで、男性も最長レベルにあります（図3）。

平均余命でみると、80歳の男性は11.05年、女性は13.06年生きるということです。このことは高齢者は平均90歳近くまで生きるということで、必然的に、高齢の親を介護する子供、いわゆる看護者、介護者の年齢も高くなるということになり

17

ます。昔ならとっくに介護される側にあった年齢の人達が、90歳以上の親の面倒をみるという、老々介護問題が現実に起こっているのです（表3）。

　このように家庭内介護、家族介護に限界が見えてきました。それを少しでも緩和しようと、平成12年4月に導入されたのが、介護保険制度です。

第Ⅰ部　少子高齢化と自助努力

図3　平均寿命の変化

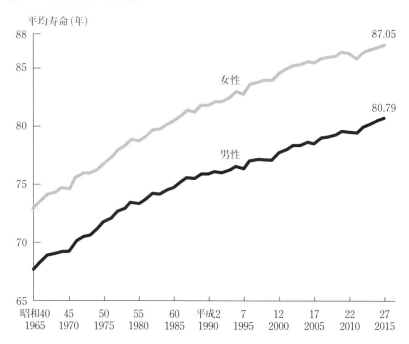

「平成27年簡易生命表」(厚生労働省)(http://www.mhlw.go.jp/toukei/saikin/hw/life/life15/)を
もとに加工して作成

表3　平均余命の推移

(単位：年)

性	年齢	大正15〜昭和5年	昭和10年〜昭和11年	昭和22年	30年	40年	50年	60年	平成2年	7年	9年
男	0歳	44.82	46.92	50.06	63.60	67.74	71.73	74.78	75.92	76.38 (76.46)	77.19
	10	47.93	48.25	49.49	57.89	59.80	62.94	65.47	66.53	66.94	67.67
	20	40.18	40.41	40.89	48.47	50.18	53.27	55.74	56.77	57.16	57.86
	30	33.43	33.89	34.23	39.70	40.90	43.78	46.16	47.16	47.55	48.21
	40	25.74	26.22	26.88	30.85	31.73	34.41	36.63	37.58	37.96	38.62
	50	18.49	18.85	19.44	22.41	23.00	25.56	27.56	28.40	28.75	29.38
	60	12.23	12.55	12.83	14.97	15.20	17.83	19.34	20.01	20.28	20.87
	65	9.64	9.89	10.16	11.82	11.88	13.72	15.52	16.22	16.48	17.02
	70	7.43	7.62	7.93	9.13	8.99	10.53	12.00	12.66	12.97	13.50
	80	4.15	4.20	4.62	5.25	4.81	5.70	6.51	6.88	7.13	7.56

第Ⅰ部　少子高齢化と自助努力

0歳	46.54	49.63	53.96	67.75	72.92	76.89	80.48	81.90	82.85 (82.96)	84.82
10	49.18	50.47	53.31	61.78	64.62	67.87	71.08	72.42	73.34	74.26
20	45.11	43.22	44.87	52.25	54.85	58.04	61.20	62.54	63.46	64.36
30	35.98	36.88	37.95	43.25	45.31	48.35	51.41	52.73	53.65	54.53
40	29.01	29.65	30.39	34.34	35.91	38.76	41.72	43.00	43.91	44.79
50	21.67	22.15	22.64	25.70	26.85	29.46	32.28	33.51	34.43	35.29
60	14.68	15.07	15.39	17.72	18.42	20.68	23.24	24.39	25.31	26.14
65	11.58	11.88	12.22	14.13	14.56	16.56	18.94	20.03	20.94	21.75
70	8.88	9.04	9.41	10.95	11.09	12.78	14.89	15.87	16.76	17.53
80	4.73	4.67	5.09	6.12	5.80	6.76	8.07	8.72	9.47	10.08

（女）

資料：厚生省大臣官房統計情報部「生命表」（完全生命表）。ただし、平成9年は「簡易生命表」
(注1) ある年齢に達した者が当該年の年齢別死亡率に従う場合、それ以降に存在できる平均年数をその年齢における
平均余命という。0歳は出生時である。
(注2) 昭和40年以前は、沖縄県を含まない。
(注3) （ ）内の数値は、阪神・淡路大震災の影響を除去した場合の数値である。

第3章　財政面からみた社会保障の問題点
── 後世代の負担増

1　医療・年金面における世代間不公平

　我が国の医療保険金制度は、すべての国民が、労働の形態・職種・職域等によって、いずれかの制度に加入しなければならない国民皆保険の体制をとっています。

　医療保険の加入者のうち、70歳以上の人及び65歳以上70歳未満の寝たきり等の状態にある人が老人保険制度の医療の対象となっています。患者の一部負担を除く老人医療に要する給付費の30％が公費負担です。国がその3分の2を、都道府県・市町村がそれぞれ、その6分の1ずつを負担しています。70％は医療保険の各保険者が負担しています。患者の一部負担といっても、外来の場合1回500円、月4回が限度で、ほとんどの高齢者にとっては、容認できるものではないかと思われます。

　70歳以上の高齢者一人当たりの医療費は「老人医療事業年報」（平成10年、厚生省）によると、80万1,000円となっており、国民一人当たり医療費（23万6,000円）の約3.4倍となっています。

第Ⅰ部　少子高齢化と自助努力

　我が国の公的年金制度は、大きく二つの制度から成り立っています。一つは20歳以上の全国民が加入する国民年金（基礎年金）です。もう一つは被雇用者が加入する厚生年金保険及び共済年金です。国民年金に上乗せして支給されることから「二階部分」と呼ばれているものです。

　なお、自営業者に対する上乗せ年金として国民年金基金制度（Ａ）があり、厚生年金保険の上乗せとしては厚生年金基金制度（Ｂ）があります。（Ａ）、（Ｂ）は積立方式ですが、一階・二階部分の年金は賦課方式となっています。賦課方式とは、若い世代の人達が支払う保険料で高齢者の年金受給額を賄う方式のことです。

　高齢者と若年者との間で、生涯支払った保険料と生涯受け取る年金額に大きな差が生じるということが問題になってきています。「社会保障構造の在り方について考える有識者会議」では、高齢者に対し、増加する高齢者への社会保障費負担を、そのときの現役世代のみに求めていけば、不公平感はますます強くなり、持続的なシステムは構築できないとし、負担能力のある人に適切な負担を求めています。

　世代間の公平に関する議論については、世代の損得勘定で解決することはできません。21世紀初頭に迎えた本格的な高齢社会を、すべての世代が「連帯」して、共に支えていくという姿勢に立って、世代間の対話を進めることが必要です。そして、実のある対話を成立させるには、世代間の相互の理

23

表 4　医療費に占める患者負担の割合（％）

年度	1993	1994	1995	1996
国民医療費に占める割合	11.6	11.8	11.8	11.8
老人医療費に占める割合	4.2	4.6	5.2	5.2

資料:総理府社会保障制度審議会事務局編『社会保障統計年報』(平成10年版)。

解と尊敬の念を育むことが大切です。

　給付における見直しとしては、平均賃金へのスライドは廃止すべきであり、物価スライドのみにとどめるべきです。極端なことを言えば、むしろ物価が下落した時は、年金給付額も減額するぐらいの合理的な考えが必要となります。

　医療サービスについては、その便益の大部分が個人の利用者に帰属することから、基本的には私的財といえます。したがって、医療サービスは利用者負担になじむものであり、医療保障制度ではどの国でも利用者負担を導入しています。

　国民医療費に占める利用者負担（患者負担）の割合は、1996年で、11.8％です。また、老人医療費に占めるそれの割合は、同じ年度で5.2％となっています。国民の今日の負担能力からすれば、どちらも低すぎるきらいがあります。我が国の医療保障における現行の一部負担は、概してレベルが低すぎます。老人医療の利用者負担は、特に低さが目だつようです（表４）。

2　後世代負担増と高齢者の自助努力

　年金の生涯積み立て総額と生涯受け取り総額については、まず世代別に大きな格差が生じています。赤字国債等、国・地方の借金は平成27年度末で1,049兆円を突破しました。これらの償還負担がが後世代の若者にのしかかることになります。

　このような不公平感は若者の将来に対する夢を奪い、若者の活力を削ぐことになりかねません。

　また、高齢者は資産持ちといえます。 65歳以上の持ち家率は88.9％、平均預貯金は2,283万円という数字が出ています。

　このような実態から、自分の老後は自分の資産で賄うという自助努力の言説が必要とされ、リバース・モーゲージの発想は、ここから生まれます。

3　経済成長の鈍化と社会保障の見直し

　高度経済成長時は税金の増収により、手厚い社会保障がおこなわれてきました。これには、常に右肩上がりの経済発展が前提となっていたのです。

　行政サイドの過剰な住民サービス、効率の悪いバラマキ行政等は、低成長経済に突入した昨今、その弊害が目立ってきました。敬老の日のお祝い一時金の支給、バス・地下鉄の無料化、医療費の無料化、本来それらは利用者が便益を得るも

のであるにもかかわらず、一律無料化や、極端な負担軽減は
サービスの行き過ぎといえます。そのような施策は、長期的
に安定した税収入が予想できる時にのみ可能な施策です。

　財源を無視した行政は、結果として財政赤字となり、後世
代に、そのツケを回すことになり、ここに世代間不公平が生
ずるのです。

第Ⅰ部　少子高齢化と自助努力

第4章　財政面における問題点への対応
── 応分の自己負担とセーフティネット

1　日本の社会保障と企業の福利厚生

　もともと我が国は、古くから社会福祉的な意識を持った国であり、それは国民の生活の中に自然と浸透していました。村意識による助け合いは、その典型的なものでしょう。お互いに困ったときは協力しあうという美風があり、国や行政が特に施策を講じなくとも皆で助け合いながらそれなりに対応してきたといえます。

　一方、企業においては終身雇用制度のもと、会社は一つの家族という発想から、福利厚生が充実しており、会社がある意味での社会保障を代行していました。

　そのような背景があって国による社会福祉行政は、他の国に比べ大きく遅れることとなったのです。

　さらに儒教的な思想からか、自分や家族のことは責任を持って身内で対処するという考え方から、他人の手助けは「悪」という風潮がありました。国の社会保障行政が弱かったこともあり、国民のほとんどは将来のため、老後の不安のため、貯蓄で身を守ろうとしたのです。このため我が国は世

27

界で最も貯蓄率の高い国となったのです。もう一つ、貯蓄は「美徳」という戦前・戦後を通じた価値観がありました。

2　高齢者は貧乏ではない、応分の負担を

「貯蓄動向調査」（総務庁統計局　平成10年）によると、世帯主が65歳以上の家計の平均貯蓄額は、2,283万円（**表5**）で20歳代の6倍以上になっています。一方、65歳以上の高齢者の持ち家率は、88.9％となっており、高齢者は資産持ちといえます。

表5　世帯主の年齢階級別貯蓄および負債の1世帯あたり現在高

項　　目	平均	24歳以下	25～29歳	30～34歳	35～39歳	40～44歳	45～49歳	50～54歳	55～59歳	60～64歳	65歳以上
世帯人員（人）	3.35	3.17	3.28	3.40	3.84	4.18	3.93	3.65	3.29	2.81	2.54
有業人員（人）	1.49	1.49	1.31	1.36	1.42	1.48	1.75	2.03	2.13	1.38	0.88
世帯主の平均年齢（歳）	52.3	22.8	27.4	32.1	36.9	42.0	47.1	51.9	56.9	62.0	71.2
持家率（%）	74.9	19.8	18.9	32.7	55.8	70.5	78.3	84.0	86.1	90.8	88.9
年間収入（千円）	7,584	4,580	4,863	5,922	6,911	8,266	8,967	9,455	10,049	7,136	5,679
貯蓄（千円）	16,607	3,766	3,799	6,021	9,547	12,018	13,643	17,198	21,016	24,762	22,829
負債（千円）	5,347	1,690	2,100	5,349	8,668	9,438	6,957	6,346	5,797	2,948	2,048
（再掲）住宅・土地のための負債（千円）	4,667	1,373	1,642	4,865	7,918	8,843	6,285	5,596	5,064	2,172	1,363

（注）数値は平成10年末現在
資料：総務庁統計局『貯蓄動向調査』（平成10年）

第Ⅰ部　少子高齢化と自助努力

図4　世帯類型別持ち家率（1998年）

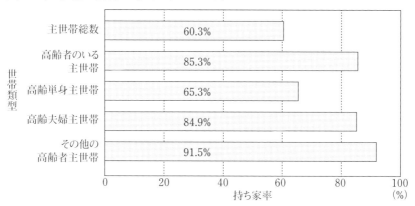

資料：総務庁統計局「平成10年住宅・土地統計調査」
（注）総数には住宅の所有関係「不詳」を含む。主世帯とは、住居と生計を共にしている家族や一戸を構えた単身者の内、同居世帯（1つの住宅に2世帯以上居住している世帯の内、家の持ち主や借り主でない世帯）以外の世帯を指す。

　収入がない、年金は少ない等、現金（フロー）収入は少ないが、資産（ストック）は持っており、この資産（ストック）を現金化（フロー）する手段がリバース・モーゲージです。
　リバース・モーゲージについては、章を変えて述べます。
　景気低迷による税の収入減、高齢化による医療費・福祉費等の増加、少子化による支える人間の減少、さらに財源を賄うための一人当たりの負担額の増大がますます顕著になるとき、高齢者には、自分の老後は自助努力で乗り切るという姿勢が求められます。
　21世紀の日本を支える若者に財政的・経済的な面での負担をできるだけかけないよう努めるべきではないでしょうか。

利用者に帰属する私的財に関係する費用は利用者が負担するのは当然です。預金・資産の額が生産年齢者（15〜64歳）よりも多い高齢者は、応分の負担をするべきであると思います。リバース・モーゲージ的発想は高齢者自身が、もっと積極的に考えてもよいものなのです。

3　社会的弱者に対するセーフティネット

高齢者に応分の負担を、高齢者は貧乏ではないと言っても、それは全ての高齢者に当てはまるわけではありません。やはり10〜20％の人は、そうではない人達です。これらの人達を救う施策も考えなくてはいけません。自らの努力に限界のある人、生まれながらの身体不自由者等に対しては、従来どおり、むしろ従来以上に社会保障の充実が望まれます。互助・共助の精神は失ってはならないのです。

4　寄付に対する税制面での優遇策

財政赤字、歳入不足等を論ずるとき、行政やマスコミの論調は、常に金持ちから税金を取れ、高収益企業からさらに税を取れということが、あたかも正義であり、正当性があるかのような表現となっています。

日本の所得税は、今でこそ世界の水準に近づいたが、以前

は世界でも相当厳しい累進税率を適用していました。企業の法人税も世界的にみてレベルが高かったのです。税を逃れて、優良企業が海外に拠点を移すという現象すら起こっていました。

　企業にしろ、個人にしろ持てる者からの税は取りやすいものです。しかしそういう安易な方法で財政欠陥を補うことを続けると、企業も、個人も働く意欲を失います。

　一定の税率以上に税を課するのであれば、企業や個人が自主性を持てる納税方法を導入すべきではないでしょうか。私は、いわゆる「寄付」という形での納税方法を提唱したいと考えます。

　アメリカや戦前の日本のように、資産家の大口寄付がしやすいような税制面での優遇措置を考えるべきです。大口納税者・大口寄付者は、自分の納税した資金の使いみちについてもっと情報開示をしてもらってよいのです。特に寄付金等について、それは可能です。そうすれば寄付者は納得して行政に協力する気持ちになり、寄付（広い意味での納税）を積極的に考えるにちがいありません。

寄付の合理性

　財政難から新幹線・高速道路・空港などの公共投資を抑制するということが各地で議論を呼んでいます。寄付と公共投資について、大胆な私案を述べてみたいと思います。

例えば神戸新空港建設の場合、建設財源として、この空港が本当に必要だと思う人達（法人も含む）から寄付を募ったらどうでしょう。寄付は１億円を単位とし（１千万円単位としてもよい）、税法上は控除の対象としてメリットを与え、寄付者には、神戸空港利用の際の国内運賃無料券を毎年10枚発行し、その権利は相続できるものとします。そうすれば寄付者は、自分が空港を作ったという満足感を、子孫は無料券を毎年もらうことにより先祖への感謝の気持ちを常に持つことになります。また無料券を使うことで旅行・レジャーによる消費も喚起されます。完成した空港は国に寄付し、国は管理費用（無料券代も含む）のみを負担し、莫大な建設費用は不要となります（※15年前に提案した、この私案は採用されませんでした）。

　新幹線の場合でも、例えば九州のプロジェクトに賛同する人達（法人も含む）から寄付を募り、寄付者に対し、その区間の乗車無料パスを寄付金に応じて発行します。枚数は、寄付者に１枚、その子供1人に対しそれぞれ１枚を与え、子供の無料パスは相続できるものとします。子供の数が多いほど無料パスが多くもらえるとなると、子供を多く産む可能性も高まり、少子化の歯止めにもなるのではないでしょうか。法人の場合は、社員であれば誰でも使えるものとします。

　高速道路の場合、例えば北海道のプロジェクトに賛同する人達（法人も含む）から同じく寄付を募り、寄付者に対し、

第Ⅰ部　少子高齢化と自助努力

その区間の高速料金は無料になるカードを発行します。カード枚数・権利は新幹線の場合に準ずるものとします。

　これらのケースのように、資産家に一種の税として納得して負担してもらえるような「寄付」に対する税制改革はぜひ行うべきだと考えます。まさしく「三方一両得」といえます。

33

第5章　高齢者自身が考える自助努力
―― 頼りになるリバース・モーゲージ

1　応益負担の合理性

受益者負担と消費税

　社会保障費の費用負担は租税や社会保険料による公的負担と利用者負担による私的負担に区別されます。両者の組み合わせは、費用負担面の公私の役割分担ということであり、我が国の高齢社会の進展とともに重要なテーマとなります。

　利用者負担は一面において、財・サービスの対価としての性格を有しています。財・サービスの利用者に、その受益の全部あるいは一部に見合う負担を求めることは、ごく当然のことと考えられます（これは一種の受益者負担です）。利用者負担が果たす主な役割として「社会的公平の確保」があります。利用者負担が徴収されているサービスは、基本的には私的財に属するのが通例です。その便益の大部分あるいは全部が、当該利用者に属するからです。

　またその種のサービスは、たいていの場合に、選択的なサービスとしての性格を有しています。義務教育のように誰もが利用するのではなく、ニーズのある者がその度合いに応

第Ⅰ部　少子高齢化と自助努力

じて選択的に利用するものです。それゆえ、利用者と非利用者の区別、および利用者の間での利用度の差異が必然的に生じます。そこで、利用度の差異にかかわる負担の公平を図る必要があるのです。その何よりの方法は、利用者に適正な負担を求めることです。利用者負担は、この意味での社会的公平を確保する役割を果たすものといえます。その手段として、利用者負担に取って代わりうるものは存在しないと言ってよいでしょう。

　一般に、無料の下では当該サービスの過剰利用や乱用が生じるきらいがあります。1973年から1982年にかけての老人医療の無料化の時期に生じた過度の受診を、その具体例としてあげることができます。利用者負担が、そうした乱用を抑制する要因として作用することは、あらためて説明するまでもありません。

　利用者負担は、利用者からサービスの対価として直接に徴収されるので、当該サービスの費用を負担するという意識が、公的負担に比べて強く働くのです。コスト意識が効率性にとってプラスの要因になることは言うまでもなく、サービスの費用の一部あるいは全部を自分で負担することを通じて、当事者の自立自助の意識や努力がより強まるのです。

　国民全体が応分の負担をするという意味で、最も公平な方法は消費税だと思われます。特に我が国のように世界で最も低率である8％程度の税率は受益者負担の理論からいえば国民

にとって容認できる税率ではないでしょうか。

　今後、消費税はアップする方向で考えていくべきでしょう。アップした分は目的税的なものとすればよいのです。国民は負担した税金（自分が支払った税金）が何に使われているかを知る必要があるからです。納税者にとっては、納得できる税負担こそ重要なことと言えます。

２　リバース・モーゲージと自助努力

　高齢者の金銭的な面での自助努力の方法の一つとして、リバース・モーゲージがあります。65歳以上の持ち家率は88.9％を超えるというデータがあります。持てる資産（ストック）を現金（フロー）化することにより、自分の老後をより安心して送ることができるという自助努力をサポートするシステムです。老後をこのような制度を利用して、安心した生活を送ることができるとなると、現役時代の勤労にも励みがもて、資産作りにも前向きになるでしょう。また、学生を含む若年者も自分の老後の幸せのため目標を持って、勉強に労働に励むことになります。まさしく、イソップの寓話「アリとキリギリス」のアリを奨励する制度といえます。

リバース・モーゲージ
　リバース・モーゲージとは、今まで住み慣れた自宅や土地

を担保にお金を借り、「年金」の形で受け取って生活資金とし、所有者が死亡した時にその物件を処分して借金を返済するという制度です。住宅ローンの逆システムとも言えます。

　国も地方も財政難を回避するためには、金持ち（所得・資産の多い人）からより多くの税金を取ろうとするだけではなく、金持ちに対し自助努力による生き方を薦めるべきではないでしょうか。

社会保障の大胆な見直し

　基本的な税・保険料（一種の受益者負担）は全国民から徴収する（社会的弱者を除く）が、金額は義務的なものとし最小限にとどめることとします。一方、いわゆる中流といわれる人達（全国民の約80％～85％）には、今の社会保障的なものは行政としては関与せず、自分の資産で賄う、すなわち自助努力で賄うという方式を導入してはどうかと考えます。

　極端な表現をすれば、社会的弱者は、他の人達の負担により支援を受けているということを鮮明にした法体系にし、両者ともそれをお互いに意識し合うということにするべきでしょう。税負担をした人は、善を施したという気持ちになるし、税による恩恵を受けた人は、感謝の気持ちを持つでしょう。

　他人より努力をして蓄財をした人は、より豊かな生活を送ればよいし、そうでない人は、それなりの生活をすればよいのです。そのことによってより豊かな生活をしている人を羨

むことはないでしょう。一生懸命努力をした人が、その成果を手にするという筋道を消してはなりません。

100メートル競走で全員が同時にゴールインすることが平等であるというのは、ありえない錯覚にすぎません。ゴールで差が出るのは当然であると思います。金持ちといわれる人達が、自助努力により自分の人生設計をし、豊かな暮らしをすることがどうして「悪」なのでしょうか？

金持ちといわれる人達が、国や地方自治体の基本的な社会保障だけの支給を受けるのみで、その他は国の保障を受けずに自分の甲斐性で老後を送ることが非難されることでしょうか。支給を受けない分、その人達への支払いが減り、国や地方自治体の財政赤字は減ります。むしろ、人生で努力したかどうかの結果として差がつく方が、若い人達にとって生活に対する励みや労働意欲に繋がるのではないでしょうか。

ただ人生には運・不運というものがあり、自分の力ではどうにもならないことが起こるものです。身体障害者や倒産等により働きたくとも職のない人など、いわゆる社会的弱者が存在します。そういう人達にはセーフティネットを設け、憲法にうたわれている最低限の生活を保障するのはいうまでもありません。

全国民がすべて同じ幸せを要求することが矛盾しているのです。幸せは自分の手で、自助努力でつかむことです。

朝日新聞「声」の欄に、「高額所得者は納税額も多い」と

第Ⅰ部　少子高齢化と自助努力

いうタイトルで、金沢市の主婦織田幸子（61歳）さんは次のように書いています。

「税制改革について、もっぱら所得税減税＝消費税率アップの反対意見として、低所得者に逆進性となり、増税であると声高に言われている。だが、高額所得者はまた高額納税者であることを、世間があまり言わないのは納得できない。

親の遺産を受け継ぐか、宝くじに当たるか、ある種の政治家の贈収賄による棚ボタ式の高額収入を除けば、高額所得者になるには並々ならぬ努力と苦労を重ね、財産を築いてきた結果なのである。高額所得者をまるで不労所得者のごとき感覚でとらえ、高額の税を取るのは当然であると考えるのでは、彼らの苦労や努力を評価しないことになるのではないか。これは、かつての共産主義の思想であって、自由主義社会における真の公平の原理とは相反するものに思える。

所得税減税＝消費税率アップと考えるのではなく、直間比率を適正にする、と考えるのが正しいのではないか。将来の福祉のためにも、負担もせず利益を受けることばかりを主張するのは改めるべきだと思う。

しかし政府も税収ばかり言うのではなく、無駄な歳出の削減を国民の納得いくまで実行するのが先決だ。歳出削減努力なしに、歳入を図ることばかりにきゅうきゅうとする姿は、国民の反発を招くだけである。」

39

3　高齢者の健康と介護

　高齢者は加齢と共に体力が衰えるのは当然です。しかし高齢者がすべて同じように体力的に弱るかというと、そうではないでしょう。高齢者ほど個人差が大きいのです。また、高齢者は病気になる確率も高くなる、それだけに病気は避けられません。

　しかし、病は気からと言うように、病気は気の持ち方で進行もするし、回復もします。人間の身体には誰にでも病気や傷を治そうとする自己治癒力があります。如何に注射をしても薬を飲んでも、それだけで治るという確率は低く、あくまでも自分で治そう、治りたいという気力を持つことが大切です。注射や薬はその気持ちを手助けする手段でしかありません。外科的手術が必要な場合を除き、自分の病気は自分で治そう、自分の身体は自分で守ろうという、健康に対する自助努力の気持ちがなによりなのです。

　介護についても同じことが言えます。人間、誰でも高齢者になると、他人の協力がないと生活ができにくくなります。協力がやがて介護という形で周りの人達にお世話にならねばならない時がきます。

　人間、自分でやろうという気力がなくなった時、衰えは早いものです。自分に残された機能をできる限り使うという気持ちは介護の世界においても最も大切なことです。

40

第Ⅰ部　少子高齢化と自助努力

　個人的な事例になりますが、今年2月に急逝した私の母について述べてみます。

　母は、86歳まで自分の身の回りのことはほとんどやっていました。毎日、新聞は隅々まで読み、10分間程度自分に合った体操をしていました。家族の者から言われてやるのではなく、あくまでも自主的にやっていました。公定歩合が下がればどうなるか等聞かれることもありました。多少預金があったために金利についても敏感でした。このことから見ても、金（預金）は持つべきであり、それも多い目がよく、老後の安心感につながるし、金利について関心を持つことは頭の体操にもなり、ボケ防止にもつながります。日常の家事はつとめて自分でやらせるようにしました。スーパーマーケットへは車で送り迎えをしましたが、店内での買い物はすべて母の自由に任せました。何が欲しいか、どれが安いか自分で考えて判断していました。これは大変頭の老化の防止に役立ったのではないかと思っています。約1時間、嬉々として買い物をしていたことを思い出します。私は、これを介護の「放し飼い」方式と言っていました。

　母は、亡くなる前日まで家族と話をし、親戚とも長電話もしていました。突然の死ではありましたが、本人は長患いもせず、あまり苦しみもせず、まずは満足した死に方をしたと思っていたのではないでしょうか。また、家族にできるだけ迷惑をかけないようにと常々言っていた通りの死に方であっ

41

たと思います。家族思いの母だったと感謝しています。介護に対する自助努力を身をもって教えてくれたとも思っています。

4　高齢者の生きがい

　「高齢者が社会参加活動に参加したい理由」についての意識調査（平成25年）によると下記のようなデータがあります（表6）。
　　　①健康や体力に自信をつけたいから——47.9％
　　　②生活に充実感を持ちたいから———— 41.3％
　　　③お互いに助け合うことが大切だから　30.0％
　　　④新しい友人を得たいから————————— 24.1％
　高齢者は年をとっても、なお前向きな考え方を持ち、新しいものに対するチャレンジ精神を持っています。そしてその目的が達成されることによって生きがいを感ずるのです。このことを心理学的な面から分析して、人間の究極の欲求は、自己実現の欲求であると心理学者マズローは言っています。
マズローの五つの欲求
　　　①生理的欲求
　　　②安全への欲求
　　　③所属と愛情への欲求
　　　④自尊への欲求
　　　⑤自己実現の欲求

第Ⅰ部　少子高齢化と自助努力

表6　最も力を入れたい（社会参加）活動に参加したい理由 (%　複数回答)

性別・年齢階級	該当数	健康や体力に自信をつけたいから	生活に充実感をもちたいから	お互いに助け合うことが大切だから	新しい友人を得たいから	地域社会に貢献したいから	自分の技術、経験を生かしたいから	社会への見方を広めたいから	その他	わからない
総数	1,450	47.9	41.3	30.0	24.1	22.6	17.9	13.0	1.3	4.1
【性別】										
男性	682	44.4	40.2	26.7	22.1	26.4	21.4	12.5	1.0	4.1
女性	768	50.9	42.3	32.9	25.8	19.1	14.8	13.4	1.6	4.0
【年齢層別】										
60〜64歳	371	41.5	43.4	27.0	22.1	24.3	21.3	12.1	1.1	3.2
65〜69	399	49.6	45.1	35.6	27.1	23.6	15.0	14.8	0.8	2.5
70〜74	306	53.3	39.2	31.7	21.9	23.5	15.0	13.4	0.7	6.9
75〜79	218	50.9	33.9	24.8	28.0	19.3	18.3	10.6	3.2	3.2
80歳以上	156	43.6	41.0	26.9	19.9	18.6	22.4	12.8	1.9	5.8

（注）調査対象は、全国60歳以上の男女
「平成25年度 高齢者の地域社会への参加に関する意識調査結果」（内閣府）
(http://www8.cao.jp/kourei/ishiki/h25/sougou/zentai/pdf/s2-2-1.pdf)をもとに作成

5　老後のための財産五分法

　健康にしても、介護にしても自助努力で頑張るといっても、最終的には、やはり金（カネ）である。"たかがカネ、されどカネ"、世の中金（カネ）があれば、ある程度自分の人生の幸福感・安心感・充実感が味わえます。

　そのためには、自分で努力して蓄えた資金・資産をより有効に、より安全に、より有利に運用することを考えねばなり

ません。頭を使うことなくして、自分の幸福・健康・安全・安心を得ることはできないのです。

そこで、私は財産五分法を提案します。

①預貯金

最もオーソドックスな運用方法です。ほとんどの預貯金は元本が保証されています。種類としては、流動性（普通）預金と固定性（定期・定額・信託）預金などがあります。前者は必要な時いつでも引出しができるが金利は低く、後者は1年〜10年の期間は引出しを制限されるが、金利は流動性預金より若干高く設定されています。

いざという時のための備えとして、全財産の30％程度は預貯金で運用することをお勧めします。

②固定資産（土地・家屋）

固定資産の中でも特に土地への投資は望ましいといえます。日本では特に土地本位制といわれるほど、土地に対して厚い信用があります。バブル崩壊により土地の信頼度は低下しましたが、投機として持つのではなく、せめて自宅の土地・建物程度は保有すべきでしょう。

③株式

株式は、経済の動向を先取りするものです。運用益を狙うだけではなく、自らの勉強のために、ある程度の株式を保有することは望ましいでしょう。ハイリスク・ハイリターン的投機性の強い銘柄ではなく、自社株や家族・親戚・友人等が

勤務している会社の株を段階的に買うことをお勧めします（下がればナンピン買いをする）。株式は長期的に持てば損をすることはほとんどありません。全財産の10％程度を目安にしたいものです。

④金（ゴールド）

　世界中で信用される共通の資産は金（ゴールド）です。金の売買価格は毎日相場で値が決まるため安心して売買ができます。

　戦争が勃発したり、世界のどこかで有事が発生した場合、金は、最も信用される財です。嵩が小さいため持ち運び、保管がしやすく国境を越えての持ち出しが可能です。難点は、盗難・火災に注意すること、金利がつかないことです。ベトナム戦争の時、難民のほとんどが持っていたといわれます。全財産の５％程度を目安としたいものです。

⑤自分（家族を含む）への投資

　前に述べた四つの資産分法と若干質の異なる分法です。前述の四つをハードなものとすれば、これはソフトなものというべきです。

　人生は資産や金だけでは幸福感は得られません。アメニティーな生活こそが生き甲斐でしょう。そのために自分への投資は決してムダ金ではありません。人それぞれ価値観が違うので、自分に適した快適さを求めて投資をすればよいのです。ゴルフが好きならゴルフに、ピアノが弾きたければピアノ

レッスンに、釣りの好きな人、料理の好きな人、さらに言うならば子供の教育費も長い目で見れば親子ともどもの満足感に繋がります。それらが結果的に成果をもたらせば一石二鳥と言うことになります。

6　尊厳死と安楽死

ターミナルケアの重要性

　健康・介護・金の３Ｋの自助努力について述べたが、残された自助努力として「死に方」についても考えておくべきではないでしょうか。

　人間誰しも死を避けることはできない。そこで、周りの人達にできるだけ迷惑をかけない「死に方」を自分なりに考えておくことは、広い意味での自助努力の一つといえます。

　不必要な延命措置は、患者本人にとっても家族にとっても、また医療費を考えた場合、国にとっても、喜ばれることではありません。

　2002年４月、オランダで「安楽死法」が可決されましたが、日本では容認される状況ではないようです。せめて尊厳死については自分のため、家族のために考えておきたいものです。

「尊厳死」と「リビング・ウイル」

不治かつ末期の病になったとき、無意味な延命措置を断り、

第Ⅰ部　少子高齢化と自助努力

安らかな自然な死を迎えたいという願いから始まった考えで、「尊厳ある死」を求める「自己決定権」の確立をめざしています。

　　リビング・ウイル（生きた遺言書）の要旨
　　①私の傷病が、今の医学では治せない状態になり、死期が追ってきたとき、いたずらに死期を引き延ばす措置は、いっさいおことわりします。
　　②ただし私の苦痛を和らげるための医療は、最大限にお願いします。
　　③数ヶ月以上、私の意識が回復せず植物状態に陥って、回復の望みがないとき、いっさいの生命維持装置をやめてください。
　　以上、私の宣言に従って下さったとき、全ての責任はこの私自身にあります。

　上記リビング・ウイルに署名・捺印して、日本尊厳死協会に提出すればよいのです。年会費として3,000円〜4,000円、毎年支払えば会員になれます。

第Ⅱ部

リバース・モーゲージの仕組みと役割

高齢社会の３K（健康・介護・金）を
自助努力でクリアー

第1章　リバース・モーゲージとは
── 老後の生活保障の切り札

1　制度利用の仕組み

　今まで住み慣れた住宅や土地を担保にお金を借り、「年金」や「一時金」の形で受け取って生活資金とし、返済は所有者が死亡した時に、その物件を処分して返済するという制度です。逆住宅ローンともいえます。例えば、30歳で住宅ローンを利用して毎月15万円ずつ返済し、5,000万円の土地つき住宅を手に入れた人が、65歳からリバース・モーゲージを利用し、毎月10万円の年金を受け取って90歳で死亡した場合を事例に考えてみましょう（図5）。本人が死亡した時、借入金残高が2,500万円であったとします。そこで、この物件を例えば5,000

図5　住宅ローンとリバース・モーゲージ

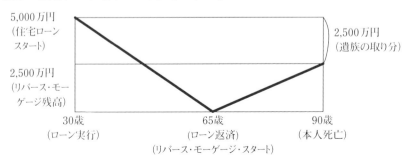

万円で売却し、2,500万円は借入先に返済、残り2,500万円は遺族が相続するという仕組みです。以上は「年金」型の仕組みですが、「一時金」型の場合は契約時、極度枠を設定（例えば、2,500万円をまとめて借りることが）できます。

　本来この制度は、生活費として受取る年金額不足の補完として関心を持たれてきました。しかし近年、（イ）旅行・趣味・娯楽等のため（ロ）子・孫の教育・結婚・育児資金等のため（ハ）家の修繕・リフォーム等のため（ニ）介護施設・老人ホーム等の入居敷金・家賃支払いのため（ホ）各種団体・個人への寄付金・支援金のため（ヘ）相続税の節税効果のためなど、利用者の多方面のニーズが高まり、金融機関も利用範囲を拡大しました。そこで、リバース・モーゲージに極度方式型（当座貸越型）を導入することになりました。

　例えば、1億円（路線価）の自宅を担保にし、リバース・モーゲージで5千万円の借り入れ契約をした場合、今、借り入れの必要がなくても必要な時いつでも引き出せるという極度方式が主流となっています。従って、金利は借りたとき（引き出した時）のみ発生するということで、利用者にとっても利便性の高い制度といえます。

　一方、リバース・モーゲージは国・地方自治体にとっても大きなメリットがあります。

　（イ）少子高齢社会における、社会保障費の軽減

　（ロ）高齢者の消費が期待でき、景気浮揚につながる

　（ハ）高齢者が自助努力し、健康で長生きし、社会への貢献が期待される

2 制度の必要性とそのメリット

　少子高齢化、国・地方自治体の財政赤字、年金制度の見直し、そして国民の考え方の変化等により、従来の既成概念だけでは高齢者問題は対処できない時代に入っています。ここにリバース・モーゲージの必要性が認識されだした理由があります。その、必要性とメリットについて、もう少し詳しく述べてみましょう。

１．年金制度の改正による年金受給への不安

　従来の予想をはるかに上回る少子化の進展やバブル崩壊後の経済基調の変化に対応するため、後世代の負担を無理のない範囲に抑えるとともに、確実な給付を約束することにより、年金制度を将来にわたり安定したものにするため、政府は、平成12年3月28日年金法を一部改正しました。概要は次の通りです。

①年金額の改定

　国民年金・厚生年金の額の改定が行われた。給付の伸び率を抑えるということが基本となっている。特に厚生年金の報酬比例部分については、2000年度以降に受給の人への給付を5％減らすことになった。

②裁定後の厚生年金の改定方式の変更

　65歳以降は受給額に「賃金スライド」を反映せず、物価上

昇のみで年金額が改定される。

③在職老齢年金の支給停止額の緩和

在職老齢年金の仕組みで賃金のすべてが停止となる標準報酬月額34万円超から37万円超に緩和された。これは在職高齢者にとってはプラス要因である。

④60歳代後半の在職老齢年金制度の導入

老齢厚生年金（報酬比例部分）について、標準報酬月額に応じた新しい在職老齢年金制度が導入された。

⑤厚生年金保険の給付乗率の変更

給付乗率が1,000分の7.195から1,000分の5.481に改定された。

⑥老齢厚生年金（報酬比例部分）の支給開始年齢の引き下げ

老齢厚生年金の支給開始年齢を60歳から65歳に段階的に遅らせる。（女性は5年遅れ）

　このように年金制度の改正により、年金に依存できる老後は遠ざかり、むしろ年金は減額される方向にあります。このような時、リバース・モーゲージは公的年金の補完として大いに役立つのではないでしょうか。

2. 公的介護保険の発足（平成 12 年 4 月）による保険料負担と利用費用の 1 割負担

公的介護保険制度は、従来家族のみで行っていた介護を国民

のすべてがお互いに支えあうという理念から生まれたものです。少子高齢化により、介護する者の高齢化と人員の絶対的不足がその背景にあります。さらに、国・地方自治体の財源不足から、高齢者にも応分の負担を求めていることが注目されます。

①介護保険の財源は、公費(税)で半分まかなわれ、残り半分は保険料でまかなわれる。その中でも特に65歳以上のお年寄りは17%の保険料を負担しなければならないことになっている。
②高齢者(65歳以上)の介護保険料(第1号保険料)は強制保険であるので、加入しないという希望は認められない。
　・年金額が月15,000円以上の人は、年金から天引きされる
　・年金額が月15,000円以下の人は市町村から直接徴収される
　保険料は、住んでいる自治体、本人の所得により異なる
③利用した介護サービスの費用は、9割は介護保険から支払われるが、残り1割は利用者が負担する。認定度の一番高い「要介護5」の場合、支給額限度は358,300円で、利用者は35,830円負担することになる。
　施設サービスを利用した場合、さらに食費(2〜3万円)、日常生活用品費(1〜2万円)が必要である。

3. 健康保険法等改正による70歳以上、医療費の1割負担
　70歳以上の患者が病院等の窓口で支払う医療費の自己負担を、定額制から1割の定率割に改めることなどを柱とする医療保

険制度改正関連法案が、平成12年11月1日、衆議院厚生委員会で可決されました。

これにより、通院の仕方によっては、従来よりも医療費の負担が多くなりました。

4. 子供に金銭的な負担をかけない —— 自分の老後は自分で

戦前に見られるような親子が一つ屋根の下で生活し、順番に親の介護をするという生活パターンは、戦後都会を中心に崩れつつあります。現在の高齢者は、バブル以前に住宅を取得したこともあり、おおむね資産持ちです。一方、その人達の子供世代である50歳以下の人たちは、住宅ローンや教育費等に対する支出が大きく、可処分的な現金の余裕はあまりないといえます。

そのような現実を見る時、世の良心的な親達は、自分の老後の介護・看護については、子供に金銭的な負担はかけさせたくないと思っています。

自分の老後は自分でという考えが芽生え、少なくとも金銭面ではそう思う人が増えているのです。

5. 財政難から高齢者問題に対する国の政策が後退するのではという不安

バブルが破綻して20年以上になります。歳入の大きな部分を占める法人税の収入が低迷を続け、国・地方自治体とも財政赤字が膨らんでいます。歳入の不足分を国債・地方債の発行で

まかなっていますが、その借金の残高が1,000兆円を超えており、このような財政状況では対高齢者施策が十分に行われるとはまず考えられません。

しかし、我が国の高齢化は着実に、しかも世界でも例を見ないスピードで進行しています。高齢者が、国や地方自治体に頼るには限界があるのです。財政面を考慮すれば、むしろ高齢者施策の後退も考えられる状況です。

このような背景のもと、自分の貯えた財産を自分の老後のために有効に使う、公的・共助のみに頼らず自助という考えが社会的に認識されてきました。これがリバース・モーゲージの必要性につながっているのです。

6. リバース・モーゲージのメリット

リバース・モーゲージの必要性が高まり、それへの対応がなされると、当然リバース・モーゲージ利用によるメリットについて関心が高まってきます。その大きなものは、次の3点といえます。

①老後への安心感

年金のみに依存する生活から、自ら貯えた財産を計画的に処分するということにより、老後の生活の安定、さらにより充実した生活を目指し、尊厳ある人生を送ることができるという安心感が持てる。

②財産の50%は遺族に残せる

この制度を利用する場合、設計の段階であまり無理な受給

を求めてはならない。物件価額の50％の借入額が妥当と思われる。したがって、もし利用者が死亡した場合、物件処分後財産の50％は遺族（相続人）に残せることになる。

遺族にしてみれば、介護・看護の費用はほとんど負担せず、残された50％の財産を相続できるという恩恵にあずかれる。

③公的介護保険への対応

平成12年4月にスタートした介護保険は、多少問題はあるにしても、高齢者の自助をサポートするための新しい制度である。制度が発足したこと自体、高齢者にとって喜ぶべきことである。

高齢者が介護保険を上手に利用し、リバース・モーゲージの資金で保険料並びにサービス利用費を賄い、さらに民間の介護サービスをも利用することにより、より安心し、充実した老後を送ることができる。

3　制度導入の背景

アメリカをはじめ、ヨーロッパ各国で、こうした制度が導入された背景は様々です。フランスでは「ピアジェ」という独特の制度があります。さらに古くは自分の資産を教会や修道院に寄付して、老後の面倒をみてもらうという考え方から出発しています。我が国にも、それなりの制度導入の背景があります。

1. 戦後の家族構成の変化（図6）

　農耕型国家から商工型国家に変化するにしたがい、我が国の家族構成も、親子三代同居型から核家族型に変わっています。特に、都会ではその傾向が顕著です。戦前は、親子三代の家族が同居し、主に長男夫婦が親の面倒をみるという図式ができていました。このような仕組みにより高齢となった親は老後の安心を得ていたのです。しかし商工型社会になり、サラリーマンが職業の大半を占める時代となり、その勤める企業が発展し拡大し大企業になるほど転勤が頻繁に行われるようになりました。しかも海外への転勤も珍しくない時代に突入しています。

　このような時代の背景から、実家で親と生活を共にすると

図6　世帯構造別にみた65歳以上の者のいる世帯数および構成割合

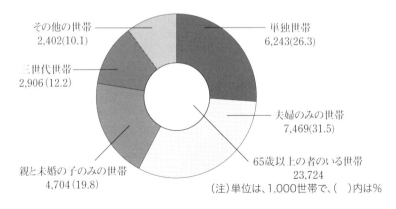

「平成27年 国民生活基礎調査の概況」（厚生労働省）
(http:/www.mhlw.go.jp/toukei/saikin/hw/k-tyosa15/dl/02.pdf)を加工して作成

いうことが物理的に不可能な状態が生じるようになってきたのです。

2．相続財産に対する親・子の考え方の変化（表7）

　戦前の日本の相続は、家督相続方式となっていたため、主たる相続人（ほとんど長男の場合が多い）は親の全財産を譲り受けていました（旧民法970条）。他の相続人にとっては暗黙の了解事項でした。その代わり全財産を引き継いだ相続人は、親の面倒はもちろんのこと、自分の兄弟やその家に関係する一切の出来事に対しては、全責任を負うという義務を背負っていたといえます。

　戦後、民法が改正され、親の財産の相続については、相続人である子供は均等に譲り受けることとなりました。この改正は一見民主的と考えられますが、弊害も出てきました。子供の間で、財産を譲り受ける権利のみの主張が強くなり、親の面倒をみるという義務が軽んじられるようになってきたのです。そして肉親間の相続財産争いに発展するケースも出てきました。

　このようなケースを見聞きする時、親の中には、子供に財産を残すことがはたして良い事なのかという疑問を持つ人が出てきました。また親の財産があるためそれを当てにし、勤労に対する考え方が甘くなり自主性のない子供になってしまう事例もあり、それを見る時、「子孫に美田を残さず」とい

59

表7　不動産の子どもへの譲与に対する考え方（60歳以上の高齢者）

総数 都市規模 性別 年齢 子供からの世話	総　数	不動産は、そのまま子どもに継がせるべきである	不動産は、親（自分）の老後の生活資金を得るために活用（売却、賃貸または担保にする等）しても構わない	どちらともいえない	わからない
【総数】（実数）	2,077	1,275	324	325	153
（構成比）		61.4 %	15.6 %	15.6 %	7.4 %
【都市規模】					
大都市	350	39.4	24.0	24.9	11.7
中都市	726	60.2	17.2	16.9	5.6
小都市	416	66.6	14.2	12.3	7.0
町村	585	72.3	9.6	10.9	7.2
【性別】					
男	936	62.1	17.4	15.4	5.1
女	1,141	60.8	14.1	15.9	9.2
【年齢】					
60〜64歳	507	52.9	21.9	19.1	6.1
65〜69	535	59.8	16.8	15.5	7.9
70〜74	505	65.7	13.9	13.9	6.5
75〜79	330	69.1	11.5	13.6	5.8
80歳以上	200	63.5	7.5	15.0	14.0
【子供からの世話】					
受けると思う	1,149	74.6	8.7	11.3	5.4
受けないと思う	439	48.7	29.4	16.9	5.0
わからない	364	50.0	15.9	23.1	11.0

（注）「土地や家屋など親（自分）の不動産を子供に譲ることについて、どのように考えるか」に対する回答。
　　　「平成13年度 高齢者の経済生活に関する意識調査結果」（内閣府）
（http:/www8.cao.jp/kourei/ishiki/h13_sougou/h13_h_2-04.pdf）をもとに作成

第Ⅱ部　リバース・モーゲージの仕組みと役割

う諺を真剣に考えるようになってきたのです。一方子供にとっても、親の財産を当てにせず、自分の甲斐性でローンを組んで自分の家を持つという考え方の人が増えてきました。

3．相続税の負担の問題（表8）

　日本の相続税は、ある一定の相続財産額を超えると、厳しい税額が徴求されます。ある意味では日本の相続税は、社会主義的と言うこともできます。現行の税制では昔から言われているように「三代相続すれば、財産がなくなる」というのも、あながち的はずれな表現とは言えません。親にしてみれば、相続のため多額の財産を納税資金に充当するのであれば、自分が汗水垂らして働いて得た貴重な財産は、自分のため・自分の老後のために使おうという考えになるのは当然ではないでしょうか。実際に、このような考え方が広まりつつあり

表8　相続税の速算表（平成27年1月1日から）

各相続人の法定相続分	税率	速算控除額
1,000万円以下	10%	–
3,000万円以下	15%	50万円
5,000万円以下	20%	200万円
1億円以下	30%	700万円
2億円以下	40%	1,700万円
3億円以下	45%	2,700万円
6億円以下	50%	4,200万円
6億円超	55%	7,200万円

ます。ただ、相続した親の財産を、自分のリバース・モーゲージにすることには、心情的には抵抗があるようです。リバース・モーゲージはあくまでも、自分で得た財産を対象にすべきでしょう。

　一方において、相続税を払う人の数は僅かであることも事実です。大阪国税局の「相続税の平成10年度の申告状況」の調査によると、近畿2府4県で平成 10 年に死亡した人は、149,780 人で、その内相続税の課税対象となった人は、8,683 人で5.8％でした。

4. 住み慣れた家へのこだわり

　毎日新聞社の「高齢化社会世論調査」（1993 年）によると、最期の場所は住み慣れた自宅という回答が、65 歳以上の高齢者では 88％となっています。永年にわたって築き上げた地域の人たちとのコミュニケーション、親しい人たちとの交流等は高齢者になるほど重要な要素となります。

　息子夫婦や娘夫婦が「田舎から出てきて、一緒に住もうよ」と誘っても、親の多くはなかなか住み慣れた土地を離れたがらないようです。ましてや有料老人ホームに入居して万全の介護を受け、老後の不安はほとんどないと状況が分かっても、自宅を売却して移り住む決断をする人はまだ少数です。

　住み慣れた家へのこだわりが、リバース・モーゲージの背景にあるのです。

5.「家」中心の考えからの意識の変化

何々家という「家」中心の考え方は、今の時代でも強いものがあります。結婚式等では招待の挨拶状には○○家・△△家と書かれ、ホテルの入口の案内板にも両家の名前が書かれています。

戦前は、先祖代々の「家」を守るという意識が非常に強くありました。しかし個人中心の考え方が生活の中に浸透してきている現在では「家」「墓」というものに対する意識の変化が見られるようになってきました。養子縁組みまでして何々家の名前を残すという婚姻は少なくなり、永代供養墓への関心が高まっているのもその現れではないでしょうか。

6．高齢者は貧しくない

日銀の貯蓄広報中央委員会の調べでは、世帯主が70歳以上の家計の平均貯蓄額は、1,943万円（60歳代世帯の平均貯蓄額1,941万円）で、20歳代の5倍以上になっています（2000.10.29.日本経済新聞）。

一方、総務庁の調査によると、65 歳以上の高齢者の持ち家率は 88.9％というデータが出ています。高齢者は資産持ちなのです。労働報酬がない、年金は少ない等で現金（フロー）収入は少ないが、資産（ストック）は持っています。この資産（ストック）を現金化（フロー）する手段がリバース・モーゲージなのです。

７．中古不動産の流通市場の未成熟

　アメリカでリバース・モーゲージが普及しているのは、自分の財産に対する考え方が日本と違うということによるものと思われます。たとえばマンション・戸建て住宅など中古物件の流通市場が発達しています。

　我が国では、土地の売買については資産という意識が根強く、活発な取り引きが行われていますが、中古住宅の売買に対しては活発ではありません。中古物件を買うぐらいならば、もう少しお金を出して新築住宅（マンションを含む）を買いたいという傾向が特に若い人達の間で強いのです。

　アメリカでは、新婚時代は２ＬＤＫ等比較的狭い住宅に住み、子供が増えると４ＬＤＫ等大きい住宅に買い換えていくという考え方が一般的です。そのため中古物件の流通市場が発達しているのです。

　我が国でも、今後はこの分野の市場を確立し税制の優遇措置等を導入し、買い替えしやすい方策を講じ社会的認識度の高い流通市場を形成すべきだと考えられます。

第Ⅱ部　リバース・モーゲージの仕組みと役割

第2章　日本のリバース・モーゲージの現状
── 地方自治体、銀行とも消極的

　我が国のリバース・モーゲージの実態を知るため、実施している団体を取材しました。

　行政に係わるケースとして東京都の中野区、新宿区、大阪市の場合を取り上げ、銀行に係わるケースとして東京スター銀行、みずほ銀行、三菱東京 UFJ 銀行、三井住友銀行（SMBC）の場合を取り上げてみます。リバース・モーゲージの先駆者的な武蔵野市（直接融資方式）と世田谷区（間接融資方式）に比べ他の自治体では利用件数は思うように伸びていません。また、銀行独自の融資については、銀行は、今は全く消極的です。

　共通して言えることは、利用者にとって対象物件の下限値額が高すぎることです。ほとんどの自治体では物件の価額を5,000 万円以上としています。大阪市では 1 億円以上となっているため、現在利用者はゼロとなっています。銀行の場合はさらにハードルが高く、ある銀行の場合、2 億円以上となっていました。ここまで高額になると、もはや福祉がらみのものではなく金融商品であるといえます。

　次に普及しない理由としては、相続人の理解が得られない

という意見が多くありました。連帯保証人になることへの抵抗が強いのです。利用者本人の頭の切り替えも必要です。財産は子供に残すものだという意識は依然として根強いものがあります。自治体側からの意見では銀行が非協力であるという、銀行に対する不満が非常に強かったことが印象的です。

1　制度導入自治体の現状と問題点

　1980 年代に東京・武蔵野市から始まった「リバース・モーゲージ」は、バブルの破たんで銀行が消極的になり、その後あまり進展しませんでしたが、2003 年厚生労働省が支援事業を始めました。新制度は民間金融機関に頼らず、各都道府県の社会福祉協議会が窓口となって貸し付け、貸付金の 3 分の 2 は厚労省、3 分の 1 は各都道府県が負担します。不動産価格が下落した場合は、国と自治体がリスクを負うことで制度を維持します。米国ではリバース・モーゲージは年金を補完する制度として定着し、米政府が民間金融機関のリスクを低減する保険制度を立ち上げたこともあり、すでに 5 万件以上の契約が成立しています。

2　制度導入銀行の現状

　バブルの前（1984 〜 87 年）の金余り時代に、信託銀行を中心に資産家を対象に取り扱い件数も伸ばしていました。バ

ブル崩壊後、銀行の取り組み姿勢は消極的になり、むしろセールスを抑制してきました。

地価が安定したこともあり、少子高齢社会に突入、国や行政の財政難の下での社会保障費の増加などを背景に、高齢者の老後生活の自助努力を主張する意見が増えてきました。資産持ちの高齢者の資産（ストック）を現金化（フロー）するリバース・モーゲージが再び注目され出しました。更に、親・子の相続財産に対する考え方も変化し、これに、いち早く着目した東京スター銀行が取り扱い実績を、着実に伸ばし、大手メガバンクも 26 〜 27 年にかけ、取り扱いを開始しました。

主要な銀行の商品説明を紹介しておきます。具体的な詳しい内容は各銀行にお問い合わせ下さい。銀行によって対応が若干違います。

東京スター銀行商品説明 (2015年7月13日現在)

□ご利用
　いただける方

- ●契約者ご本人55歳以上の方、配偶者がいらっしゃる場合、配偶者の年齢が50歳以上の方
- ●年収が120万円以上の方（年金収入など含む）
- ●自己名義の一戸建・マンションで、東京都、神奈川県、埼玉県、千葉県、大阪府、京都府、兵庫県の地域に、単身またはご夫婦でお住まい の方（マンションには他に条件があります）
- ●ご契約時に判断能力をお持ちの方
- ●お申込みいただいた後に、当行所定の審査があります

□資金の
　使いみち

ご本人または配偶者の生活にかかる資金であれば、何にでもお使いいただけます。例えば
- ● 医療費や介護費など、万一の際の費用
- ●老後の生活資金（有料老人ホーム入居資金など）
- ●住宅の建て替え・改築など。ただし事業目的・投資目的資金などは融資の対象外となります

□利用期間

- ●終身

□取引形態

- ●融資極度額は、500万円以上1億円、極度額以内であれば、1回当たりの利用金額には制約はありません

第Ⅱ部　リバース・モーゲージの仕組みと役割

□融資極度額　●年に1回見直しをさせていただきます

□担　保　　　●対象となる物件に、融資極度額の120％の金額にて
　　　　　　　　当行を第一順位とする根抵当権を設定いたします

□金　利　　　●お借入金利は、変動金利型のみとなります。基準
　　　　　　　　金利に調整幅を加算した金利が、適用金利となり
　　　　　　　　ます

□保証人　　　●保証会社や第三者による保証は原則として必要あ
　　　　　　　　りません

□返済方法　　●利息部分は毎月お支払い
　　　　　　　　●返済は、契約者が死亡した日から6ヶ月後に一括
　　　　　　　　返済です

□その他　　　●初回手数料、担保管理料などが必要です

みずほ銀行商品説明 (2015年10月19日現在)

☐ご利用　　　●契約時の年齢が満55歳以上の方
　いただける方　●自宅に単身、もしくは夫婦二人住まいの方
　　　　　　　　●年金収入など安定かつ継続した収入の見込める方
　　　　　　　　●保証会社の保証を受けられる方
　　　　　　　　●戸籍謄本により推定相続人が確定出来る方
　　　　　　　　●取扱対象地域：東京都、神奈川県、埼玉県、千葉県

☐資金の　　　●フリー口　自由（事業資金・投資資金は除く）
　使いみち　　●目的口　　有料老人ホームへの入居保証金、自宅の
　　　　　　　　増築改築費用、医療費等、資金使途があらかじめ
　　　　　　　　確認できる資金

☐利用期間　　●終身

☐取引形態　　●契約時に貸越極度契約を締結の上、利用可能額を
　　　　　　　　設定。この利用可能額の範囲内で随時借り入れ可
　　　　　　　　能、利用可能額は貸越極度額の50％以内

☐融資極度額　●1,000万円以上2億円以内。フリー口は4,000万
　　　　　　　　円以内

第Ⅱ部　リバース・モーゲージの仕組みと役割

□担　保　　　●戸建ての場合 自宅の土地評価は2,000万円以上
　　　　　　　●マンションの場合 いろいろ条件あり
　　　　　　　●原則として第一順位の根抵当権を設定、設定金額
　　　　　　　　は貸越極度額の120％以上
　　　　　　　●自宅の名義は申込人単独、または配偶者との共有
　　　　　　　　の場合のみ可

□金　利　　　●フリー口の場合　短期プライムレート＋年2％の
　　　　　　　　変動金利
　　　　　　　●目的口の場合　短期プライムレート＋年1.5％の
　　　　　　　　変動金利

□保証人　　　●原則として保証人不要

□返済期限　　●原則 契約者死亡の時
　　　　　　　●原則 担保物件の売却代金などにより、一括返済

□その他　　　●借り入れにあたり、推定相続人の方に契約内容な
　　　　　　　　ど承諾いただき「承諾書」提出

三菱東京UFJ銀行商品説明 (2015年10月1日現在)

□ご利用
　いただける方
- ●東京都、神奈川県、埼玉県、千葉県にある単身または夫婦でお住まいの自宅
- ●公的年金、給与所得等安定的な収入のある方
- ●当行所定のカウンセリングを法定相続人代表と共に受けること
- ●日本国籍の方

□資金の
　使いみち
- ●自ら居住する住宅の建設・購入資金およびそれに付随する費用
- ●自ら居住する住宅のリフォーム資金
- ●住み替え先のサービス付き高齢者向け住宅の入居一時金

□利用期間
- ●終身

□取引形態
- ●借入金額は資金使途毎に異なる
- ●建設・購入資金　100万円〜5,000万円
- ●リフォーム又は入居一時金　100万円〜1,500万円

□融資限度額
- ●100万円以上5,000万円まで

□担　保
- ●自宅の土地・建物に当行を抵当権者とする第一順位の抵当権を設定

第Ⅱ部　リバース・モーゲージの仕組みと役割

□金　利　　●当行の「短期プライムレート連動長期貸出金利」を
　　　　　　　基準とする変動利率

□保証人　　●原則として保証人不要。ただし住宅融資保険に加入

□返済期限　●原則 契約者死亡の時
　　　　　　●期日一括返済

□その他　　●事務手数料が必要です
　　　　　　●利息は毎月支払い

三井住友銀行（ＳＭＢＣ）商品説明 (2015年3月2日現在)

□ご利用　　　　●契約時の年齢が満60歳以上
　いただける方　●自宅に単身、もしくは夫婦二人住まいの方
　　　　　　　　（同居される配偶者の方には連帯債務者となってい
　　　　　　　　ただきます）
　　　　　　　　●安定かつ継続した一定の収入が見込める方
　　　　　　　　●取り扱い対象地域は、東京都、神奈川県、千葉県、
　　　　　　　　埼玉県、愛知県、大阪府、京都府、兵庫県の一戸建
　　　　　　　　住宅

□資金の　　　　●原則自由
　使いみち　　　ただし、事業性資金・金融商品を購入する資金は
　　　　　　　　除く

□利用期間　　　●契約者が死亡された時まで(終身)

□取引形態　　　●契約時に融資限度額および利用可能額を設定。以
　　　　　　　　降、この利用可能額の範囲内で、随時借入可能

□融資極度額　　●融資極度額は1,000万円以上2億円以内

74

第Ⅱ部　リバース・モーゲージの仕組みと役割

□担　保　　　●自宅の土地および建物に当行を根抵当権者とする
　　　　　　　　根抵当権を設定
　　　　　　　●設定金額（根抵当権極度額）は融資極度額の120
　　　　　　　　％以上
　　　　　　　●自宅の評価額は、6,000万円以上

□金　利　　　●変動金利型　当行所定の短期プライムレートに連
　　　　　　　　動する長期貸出金利を基準とする利率。契約後は
　　　　　　　　年2回（4月・10月）に融資利率を見直す

□保証人　　　●原則として保証人不要

□返済方法　　●原則として、担保不動産の売却代金などにより一
　　　　　　　　括返済
　　　　　　　●期日一括返済

□その他　　　●借り入れにあたり、推定相続人の方全員に契約内
　　　　　　　　容などについて承諾をいただき「同意書」をご提出
　　　　　　　　いただきます

75

3 国・自治体・銀行の取り組み姿勢
―― バブル破綻で開店休業

　リバース・モーゲージがスタートした時期は、バブルの余韻がまだ残っていた頃で、自治体もそれなりの税収があり財政にも余裕がありました。銀行も資金余りの時代が続き、貸出先を積極的に開拓する貸金競争の時代でもあったのです。

　ところがバブルが破綻し、自治体は慢性的な財政赤字の状態が続き、銀行は土地の値下がりによる担保不足の発生等により、リバース・モーゲージに対する取り組み姿勢は急速に冷え、今では開店休業というより、むしろこんな商品は売りたくないという姿勢に変わってきています。自治体・銀行にとっての問題点については第3章で詳述します。

4 地方銀行・信用金庫の新しい取り組み

　大手銀行の消極的な態度に対し、平成11年6月、山形市にある地方銀行の殖産銀行が、しょくぎんＧＯＬＤローン「長寿」を発売し、全国的に大きな反響を呼びました。殖産銀行のポリシーとしては、最終的には高齢者の生活資金の融資という資金の性格を考慮したうえで、地域金融機関として、その程度のリスクは引き受けるというものです。

　高齢者問題は、国民のすべての者が考えなければならない

テーマです。現在の我が国の繁栄を築き上げてくれた高齢者の人達のためにも、また、やがて自分達も必ず高齢者になることを考える時、銀行が社会に貢献し、世間からの信用を回復するには最適の商品ではないでしょうか。殖産銀行の幹部は「高齢者のためならば、ある程度のリスクは割り切るしかありません」と言っています。殖産銀行の態度は立派だといえます。15年経ち、主旨を理解し取り組む金融機関が増えてきました。現在、千葉興業銀行、琉球銀行、武蔵野銀行、神奈川銀行、栃木銀行、枚方信用金庫、北おおさか信用金庫などが取り扱っています。

北おおさか信用金庫　枚方信用金庫　商品説明

(2015年4月30日現在)

□ご利用
　いただける方
- ●契約時の年齢が満60歳以上、満80歳以下の方
- ●当金庫の営業地域内で自己名義の一戸建て住宅に単身、もしくは夫婦二人住まいの方
  （同居される配偶者の方には連帯債務者となっていただきます）
- ●公的年金等収入があり、当金庫を年金振込指定口座にされていること
- ●(株)朝日信託のリバースモーゲージ信託を契約していただける方

□資金の
　使いみち
- ●原則自由
  ただし、事業性資金・金融商品を購入する資金は除く

□利用期間
- ●契約者が死亡された時まで
  終身（1年毎の自動更新）

□取引形態
- ●契約時に融資極度額および利用可能額を設定、以降、この利用可能額の範囲内で随時、借入可能

□融資極度額
- ●融資極度額は５００万円以上１億円以内

第Ⅱ部　リバース・モーゲージの仕組みと役割

□担　保　　　●自宅の土地および建物に当金庫を根抵当権者と
　　　　　　　　する根抵当権を設定

□金　利　　　●変動金利型
　　　　　　　　信金中金短期プライムレート＋年2.0%
　　　　　　　　契約後は年2回（4月・10月）信金中金短期プラ
　　　　　　　　イムレートを基準として、融資利率を見直す

□保証人　　　●原則として保証人不要

□返済方法　　●契約者さまがお亡くなりになられた際には、担保
　　　　　　　　不動産の売却代金などにより一括返済
　　　　　　　　利息は毎月10日に指定の返済口座（普通預金）
　　　　　　　　から引き落とす

□その他　　　●(株)朝日信託のリバースモーゲージ信託利用に
　　　　　　　　伴い、お客様と(株)朝日信託との間で各種手数料
　　　　　　　　が必要となります

79

第3章　制度利用の問題点と対策
── リスクと公共性

1　問題点

　我が国では、武蔵野市が最初にリバース・モーゲージを導入して以来約20年が経過しています。自治体の現在残は、100に満たない件数にすぎません。アメリカの約20万件に比べると、あまりにも差が大きすぎます。理由としては、解決しなければならない問題点も多くあるということです。特に、間接融資方式の多い我が国の制度では、銀行の意向が推進に大きく左右します。銀行にとってこの制度は、不確定要因部分があり、リスクのある商品でもあります。

　そこで直接融資方式も含めて、この制度の問題点について述べてみます。

1. 担保物件の価格の下落

　我が国の土地の価格は戦後一貫して上昇を続け、土地神話という言葉さえ出現しました。しかし、バブルが崩壊した1993年ごろより土地の価格は下がり始め、毎年下落を続け、今ではピーク時の30％〜50％の状態となっているものもあり

ます。平成13年8月発表の全国の路線価格は９年連続で値下がりしています。

このように担保物件の値下がりは、融資限度オーバー状態となり、支払いの打ち切りにつながります。もし継続した場合は、融資した側にリスクが発生することになります。

２．利用者の予想以上の長生き

我が国の平均寿命は、男女とも世界のトップクラスです。厚生省のデータを参考に、融資する側は平均寿命に相当数の年数を加算した年齢を融資限度に設定しています。それでも予想以上に長生きした場合は、貸し手にリスクが発生します。

３．担保物件処分の際の相続人とのトラブル

本人が死亡した場合、その時点から物件は相続人のものとなります。融資側が物件を処分して貸し金を回収する場合、相続人全員の同意が必要となります。

４．対象物件の価格が高すぎる

本制度を採用している行政のほとんどは、対象物件の下限を設けています。大阪市の場合は、1億円以上となっています。他の自治体では5,000万円としているところが多く、最近スタートした練馬区では3,000万円、神戸市では2,000万円まで下限を下げています。

バブルの時ならいざ知らず、1億円とか5,000万円は高す
ぎます。この制度は、住民すべてが利用できる制度ではない
ため、福祉の面を強調すると金持ちだけの福祉優遇措置と誤
解を招く恐れがあります。

5.痴呆となった時の借入人としての法的資格

この制度は、おおむね高齢者を対象としているため、本人
が途中で痴呆になる可能性が高いといえます。間接融資の場
合、各銀行のほとんどは当座貸越契約方式をとっているため、
意思能力、行為能力のない者に対する貸し金は問題とならざ
るをえません。

6．マンション・遊休不動産は対象となっていない

近年、持ち家の形態としてマンションの比率が高くなって
います。この制度を実施している行政で、マンションを対象
物件としているところは少ないといえます。また同居家族、
親子二世帯同居となったため一方の家が空き家になり、その
物件も対象にしてほしいという要望もあります。

2 推進への提言

前章で述べたような問題点を一つ一つ解決していくことが、
本制度を推進するための大きな手段でもあります。私は、次

第Ⅱ部　リバース・モーゲージの仕組みと役割

のような方法が具体的な対策ではないかと考え、提言したい
と考えます。特に、銀行のリスク回避についての方策と銀行
の本制度への役割について強く主張したいと思います。

1. 担保物件の掛目を50％にする

　担保物件の価額の下落は、貸し手側にとっては大きなリス
クです。そこでこのリスクを回避するため、融資限度額を担
保となる土地の路線価の 50％とすると、利用者にとっては、
その分受け取る額は少なくなります。しかし担保物件に余裕
があれば利用者が死亡した時、相続人に残される財産は多く
なります。相続人が受け取る額が多くなるので、相続人にとっ
てもメリットがあるといえます。

2．平均余命からの判断

　平成27年6月厚生省発表による日本人の平均寿命は、男性
80 歳、女性 87 歳となっています。これはあくまで平均であっ
て、我々の近辺を見渡しても90歳以上の高齢者は珍しくあり
ません。そこで予想以上の長生きの場合を考えて、厚生省の
「簡易生命表」(20 頁、表 3 参照)の平均余命に 15 歳を加算した
年齢を融資期限とします。すなわち男性の場合は95歳となり
ます。

83

３．制度利用時に相続人全員の同意を得る

担保物件処分の際、相続人の間から異議申立てが出にくいように、利用者（被相続人）はあらかじめ相続人全員の了解を得ておくこととします。また相続人の中から２名程度の連帯保証人を選出します。

この同意書・連帯保証人の手続きは、現在、制度実施している自治体・銀行のほとんどが徴求しています。ただし同意書の場合、争いが生じた場合、法的には効力は低いといえます。

4.遺言書の作成

遺言信託・土地信託等、利用者は生前に遺言書を作成し、遺言執行者を決め、融資する側にも、相続人の間にも担保処分の際トラブルが発生しないよう意思をはっきり文書で表しておきます。

５．成年後見人制度の活用

平成12年４月、成年後見人制度が発足しました。この新しい制度で特に注目したいのは、「任意後見人」を選定することができるということです。

リバース・モーゲージの場合、融資実行を当座貸越方式で行うところが多く、この場合、利用者本人が途中で痴呆となった時、意思能力・行為能力のない者に対する貸金ができない

ため、融資はストップせざるをえません。それでは利用者の生活設計は崩れてしまいます。そこで新しい任意後見人を選ぶことにより、自分が生存している間は、後見人として自分の代理を依頼することができます。そして引き続きリバース・モーゲージを利用することができることになります。

「成年後見制度」

痴呆や知的障害などで判断能力が低下した成人を保護・支援する現行の「禁治産制度」を抜本的に見直す「成年後見制度」が、民法改正という形で平成 12 年 4 月 1 日に成立しました。

＜主な内容＞

①知的障害者らの判断能力が低下する前に後見人を選定できるようにする。

②軽度の痴呆症を対象とした区分を新設する。

③後見の事実の戸籍記載を廃止する。

● 現行法で規定している「禁治産」「準禁治産」をそれぞれ「後見」「補佐」という用語に改め、軽度の知的障害者らを対象とする「補助」区分を新設、三類型とした。

● 判断能力のあるうちに後見人を指名する「任意後見制度」を新設し将来の生活や財産管理などの事務に関する「代理権」を付与し、委任契約を結ぶことなどができるようにする（日本経済新聞、1999.11.19）。

6. 信用保証協会の機能の拡大

　各都道府県・政令都市には信用保証協会があります。もともと我が国の戦後の経済復興を目指した中小企業が資金需要の旺盛な時に、担保がない、適当な保証人がいない等の理由で銀行から資金調達ができない時、公的な保証人となり融資を受けやすくするための機関として設立されたものです。この制度のおかげで、大手企業や優良企業に育っていった中小企業は少なくありません。そして我が国の経済は大きく発展し経済大国となり、国民の生活もより豊かになりました。そういう意味では信用保証協会の貢献度は非常に高いものであったといえます。

　この制度の利用者は、事業を営む者に限定されています。20世紀に経済の面で成功したこの制度が拡大適用され、21世紀の高齢者問題・環境問題にも大きな役割を果たすことを期待します。

　リバース・モーゲージは市・区という行政単位で行われるものですが、もっと行政範囲の広い都道府県もリバース・モーゲージに関わるべきではないでしょうか。その格好の手段が都道府県の信用保証協会の協力です。定款を変更してでも機能を拡大し、高齢者の自助の手助けをしてほしいのです。信用保証協会が、今抱えている難問である代位弁済問題が発生したとしても、それは営業資金の場合とは比較にならないほどの微々たる金額と思われます。

7. 保険会社の役割

リバース・モーゲージの利用者は、年齢的にはほとんど生命保険への加入対象外の人達です。しかし保険会社も、高齢者問題を社会問題と考え、たとえば、保険金額を抑えた掛け捨て型の保険を考えてはどうでしょうか？　保険料はリバース・モーゲージで支払えばよいのです。

一方、損害保険会社では、交通障害保険等をセットしたリバース・モーゲージ用の商品を開発してはどうでしょうか？特に高齢者は、事故に遭遇する確率が高いため、死亡保険金のみでなく、入院・通院給付等をセットし多面的な機能を持った保険を考えてはどうでしょうか？　生保と同じく保険料はリバース・モーゲージで支払い、多少保険料は高くてもよいと思います。

8. 金利の複利回避

一般の住宅ローンに見られるように、長期にわたる借入金は、金利に金利が付くという、いわゆる複利計算となります。借入期間が30年～35年という長期の借入をした場合、最終的に返済する総合計は、当初借りた金額の倍近くになることもあります。リバース・モーゲージにおいても、逆住宅ローンとも言われるように、最初の月に融資された金額は返済期限までの金利を複利で計算することになっています。

例えば、月々10万円ずつ受け取るリバース・モーゲージを

30年間利用した場合、最初の借入金額10万円に対し、360ヶ月分の利息を複利で支払わねばなりません。これはリバース・モーゲージの実質受取額の減少を意味します。金利の複利は回避しなければならないのです。

　現在、間接融資方式を採用している自治体の場合は、利息部分を自治体が無利息で利用者に貸し付ける方法で、金利の複利を回避しています。

９．証券化へのアプローチ

　1999 年８月、リーマンブラザーズは米国で、はじめてリバース・モーゲージ担保証券を発行しました。同社は、リバース・モーゲージの証券化を潜在的に伸びる分野だと判断しています。

●我が国の住宅ローンの証券化

　近年、都市銀行は相次いで住宅ローンの証券化商品を個人向けに販売を始めました。都銀は、あわせて 43 兆円の住宅ローン債権を抱えています。有利な運用先を求める個人マネーに照準を定め、ローン債権を小口商品化しようとしているのです。

　機関投資家向けだった住宅ローン証券化商品は、今後個人向け商品として定着する可能性があります。リバース・モーゲージも逆住宅ローンであるため、方法は異なりますが仕組みは同じです。

第Ⅱ部　リバース・モーゲージの仕組みと役割

　ここで「住宅ローン債権の証券化」を説明して、今後のリバース・モーゲージの証券化を考えてみます。

「住宅ローン債権の証券化」

　投資家は、信託受益権や住宅担保ローン証券（MBS）などの形態で権利を購入し借り手から元利金の返済を受けて利回りを確保する。証券化には、債権を信託銀行に委託して信託受益権を販売する信託方式と、元利金返済を裏づけとして債権を発行するＭＢＳ方式などがある。

　特にＭＢＳは、アメリカでは国債に次ぐ巨大市場であり、米政府系金融機関は住宅ローン原資の４割強を証券化で市場から調達している（日本経済新聞、2000.12.17 より）。

補論

1．政府・自民党の政策

　平成 12 年 4 月、自民党は、リバース・モーゲージ制度を普及させるために、税の軽減措置や公的保険の整備などを盛り込んだ促進法のたたき台をまとめました。関係省庁と調整の上、通常国会に法案を提出、公的年金の補完的役割や消費刺激の効果が期待できるとみて、自民党では不動産証券化の気運が高まってきたことなどを背景に、本格的に取り組むことにしたようです。当時の検討案では、下記の 3 点を特に重視していました。

　1．担保価値の下落に備えた公的な保険制度
　2．不動産売却時の税負担の軽減
　3．リバース・モーゲージ債権の証券化のための法整備

　平成 12 年 10 月 24 日、首相の私的諮問機関である「社会保障構造のあり方について考える有識者会議」（座長・貝塚啓明中央大学教授）は社会保障改革の方向性を示した報告書を発表しました。

　世代間の不公平を小さくするために「高齢者は一律弱者」という考え方を転換し、高齢者にも経済的能力に見合った負担を求める方向を打ち出しました。住宅など高齢者が保有する資産を活用する「リバース・モーゲージ」については、利

用が限られているとし、普及に必要な法制面の検討などを予定していました。

　厚生労働省は平成 13 年 12 月、持ち家があっても現金収入が乏しい高齢者のために、平成 14 年度から不動産を担保に毎月の生活費を貸しつける「リバース・モーゲージ」制度を新設することを決め、平成 14 年度予算案に補助金 2 億 5,000 万円を計上した経緯があります。

2．アメリカのリバース・モーゲージと HECM の仕組み

　リバース・モーゲージの先進国アメリカでも、導入され出した当時の背景について、ケン・ショーレンは次のように言っています。

　　①人口に占める 65 歳以上の比率の急激な増加見通し

　　②この人口動態の基本的変化に対応した年金システムの支払能力に対する懸念

　　③十分な収入がない高齢者にとって、その尊厳、自立及び良い質の生活をどうするかの問題

　　④高齢者の金銭面の健全性及び自己充実度を改善するための新しいアイデアへの関心

　このような背景のもとにアメリカのリバース・モーゲージは発展していったのです。アメリカのリバース・モーゲージについて学ぶことは、今後の我が国のリバース・モーゲージ

を推進する上で参考になることが多いと考えます。

　アメリカでリバース・モーゲージが全国的に利用できるようになったのは1989年に政府が、住宅都市開発省に全米でリバース・モーゲージを提供する試験プログラム「HECM（home equity conversion mortgage）プログラム、別名、住宅担保転換貸付プログラム」を実施する許可を与えてからです。1998年10月、クリントン大統領が、このプログラムを恒久化する法案に署名しました。1998 年～1999 年では年間8,000 件の契約ペースとなっています。

●アメリカのリバース・モーゲージには三つの商品があります。

①HECM（低所得者対象）

②ホームキーパー（低・中所得者対象）

③ファイナンシャルフリーダム（高額所得者対象）

現在、HECM の利用者が最も多く、その理由はＦＨＡ保険（federal housing agency）によるところが大きいといえます。これは、住宅都市開発省傘下の連邦住宅局による保険です。

①保険料が割安

②融資主体が支払不能になった場合でも契約者への支払いを保証する。

③契約者に対する融資総額が住宅の資産価値を超えた場合、超過分を融資体に保証する。

第Ⅱ部　リバース・モーゲージの仕組みと役割

　これら三点は、我が国でも今後参考とすべき制度でしょう。

　初期の頃は低所得者が必要に迫られて利用するというケースが多かったが中・高所得者の利用も増え、new way to improve lifestyle（生活をより快適にする新しい手段）として、車の購入、旅行、医療など利用の目的も多様化しています。

　このような面からも、リバース・モーゲージは福祉のみの商品として限定的にとらえる必要はないように思います。

●アメリカのリバース・モーゲージ市場の将来は明るい。

①潜在需要

　（A）データによる分析

● アメリカの50歳以上の人々の85％は自宅で老いることを望んでいる。

● アメリカの60歳以上の人々の住宅保有率は80％

● 高齢者の66％は、収入の50％以上を社会保障給付に頼っている。

● 2025年には、65歳以上の人達が20％を超える。

● アメリカの人口構成の中で、62歳以上（リバース・モーゲージを利用する層）が、最も多くなり、リバース・モーゲージの需要が拡大する。

　（B）経済的事情

●親の平均余命が伸び、40〜50歳代の世代は自分の家族の生活に上乗せして、親の生活の面倒をみる経済的余力がなく

93

なっている。

- 現在の高齢者は、借金を嫌う傾向にあるためリバース・モーゲージを利用することに心理的な抵抗があるが、クレジットカード世代の人達はお金を借りることに慣れている。このような層が高齢者になった時、リバース・モーゲージの利用者は大幅に増えるであろう。

②政府の後押し

　高齢者の医療費・介護費等へ連邦政府は、大きな支出負担をしている。これを少しでも軽くするため、リバース・モーゲージを支援し、民間の介護保険の購入を促すため、その財源としてリバース・モーゲージの普及を後押ししている。

むすび

　リバース・モーゲージ。耳慣れない言葉ですが、この制度は、高齢社会を迎える我が国では、場合によっては、老後の切り札となるに違いありません。21 世紀には少子高齢化時代が必ず来る、若者が高齢者を支えきれない時が来ます。その時、高齢者はどうすればよいのでしょうか？　自分で自分を助ける自助しかないはずです。この自助の中で、金銭に関する面での選択肢の一つとして、リバース・モーゲージという制度が脚光をあびているのです。

　アメリカと日本では土地・財産に対する考え方・風土が異なります。このため同制度が我が国に定着するにはもう少し時間がかかるのではないでしょうか。利用者の意識の変化が大きな要素でもあるのです。

　平成 13 年度内閣府の「高齢者の経済生活に関する意識調査」によると、自分の不動産譲与の考え方に関しては、老後の世話をしてくれたかどうかに関係なく自分の財産を譲るという人達が半数近くいます。このような背景から、我が国の高齢者のリバース・モーゲージへの関心度は、まだ高いとはいえず、平成 22 年度内閣府の「高齢者の住宅と生活環境に関する意識調査」では、「すでに利用している」「ぜひ利用してみたい」「どちらかといえば利用してみたい」を合わせて

7．7％にとどまっています（表9、10）。

　しかし、リバース・モーゲージの先進国であるアメリカから学ぶことは多いといえます。多方面での国際化が叫ばれている時、高齢者問題の分野においても、考え方の国際化が進むことになるでしょう。

　この制度は、本来自治体が行政の一環として、高齢者のより豊かな生活を支援する施策として考えられるべきものです。しかし各自治体は財政の硬直化等により、財政上の余裕はほとんどありません。

　そこで、この制度の推進には、どうしても銀行の協力が必要となります。銀行を活かして上手に使うという手法が自治体にとって最も好ましい方法ではないでしょうか。銀行をアウトソーシングとして利用すべきでしょう。

　一方、利用者にとって間接融資方式は必ずしも最良の方法とは言えませんが、消去法的手法によれば唯一、残された選択肢と考えられます。

　銀行という立場から考えると、その社会的責任、公共的役割を果たすべく、来るべき高齢社会に如何に貢献できるかということを、21世紀の銀行の施策として常に考えておかねばならないと思います。リスクの回避は当然ですが、リバース・モーゲージでの利潤追求は二の次に考え、高齢者の生き甲斐をサポートし、高齢化時代のニーズに応えるという企業運営が望まれます。

表9 老後の世話と不動産譲渡の考え方（60歳以上の高齢者）

性別　都市規模　総数	総数	老後の世話をしてくれたかどうかに関係なく譲る	老後の世話をしてくれたかどうかによって差をつけて譲る	どちらともいえない	わからない
【総数】（実数）	2,077	1,003	531	337	206
（構成比）		48.3 %	25.6 %	16.2 %	9.9 %
【都市規模】					
大都市	350	38.9	25.1	21.1	14.9
中都市	726	47.8	27.7	15.7	8.8
小都市	416	53.1	22.6	14.4	9.9
町村	585	51.1	25.3	15.2	8.4
【性別】					
男	936	52.0	25.4	15.5	7.1
女	1,141	45.2	25.7	16.8	12.3

（注）「土地や家屋など親（自分）の不動産を子供に譲る場合、その子供が自分の老後の世話
　　をしてくれたかどうかによって、どのように考えるか」に対する回答。
「平成13年度 高齢者の経済生活に関する意識調査結果」（内閣府）
（http://www8.cao.jp/kourei/ishiki/h13_sougou/h13_h_2-04.pdf）をもとに作成

表10 リバース・モーゲージへの関心（60歳以上の高齢者）

性別　都市規模　総数	総数	すでに利用している	ぜひ利用してみたい	どちらかといえば利用してみたい	どちらかといえば利用してみたいと思わない	利用してみたいと思わない	わからない
【総数】	2,062	0.1	1.3	6.3	7.7	70.9	13.8
【都市規模】							
大都市	472	－	1.7	7.2	8.3	68.4	14.4
中都市	867	0.2	1.3	7.5	8.7	70.2	12.1
小都市	522	－	1.0	4.6	5.7	74.3	14.4
町村	201	0.5	1.0	3.0	7.0	70.6	17.9
【性別】							
男	979	0.2	1.1	6.7	6.8	72.7	12.4
女	1,083	0.1	1.4	5.8	8.4	69.3	15.1

「平成22年度 高齢者の住宅と生活環境に関する意識調査結果」（内閣府）
（http://www8.cao.jp/kourei/ishiki/h22/sougou/zentai/pdf/2-11.pdf）をもとに作成

小林和則氏は、私の朝日新聞「論壇」（平成10年９月15日付）での主張に対し反論し、自治体が福祉行政として行うべきで、銀行性悪説的立場から、銀行の介在を許してはならないと自著で主張されています。

　リバース・モーゲージは、福祉の面からのみとらえるのではなく、高齢者が老後をより安心して充実した生活を送れるように、そして公的年金の補完的制度として高齢者問題の一環とするべきである、と私は考えます。そして、この制度は、公的福祉の面からだけでなく、銀行など民間の協力を得ながら進めていくべきでしょう。

　３人に１人が65歳以上という時代がもうすぐやってきます。21 世紀の高齢者問題は、高齢者自身と公的機関、そして民間企業の三者が、うまく役割を分かち合いながら解決していかねばならないのです。

　特にリバース・モーゲージについて、銀行の果たす大きな役割が期待されます。

あとがき

　世界でも例をみないスピードで高齢化が進んでいる我が国において、21世紀は少子高齢化による様々な問題が大きくクローズアップされるでしょう。介護・医療・年金の問題、大量に発行された国債の償還の問題等、高齢者を支える若い世代の人たちの負担は想像をはるかに越えたものとなるでしょう。21世紀の高齢者は、あらゆる面において自助努力の意識を持たねばなりません。特に、お金に関しては、できるだけ後世代に負担を掛けないよう、自分の老後は自分の蓄えた財産で賄うという考え方が大切です。

　思いやりと感謝の気持ちを持って自助努力することが、少子高齢化時代を生きる基本ではないでしょうか。

　国や地方自治体の財政赤字が慢性化している現状を見るとき、高齢者にも応分の負担をという意見がでてきています。「リバース・モーゲージ」は高齢者が応分の負担をする方法の一つとして、また高齢者が老後を安心して、より快適な生活を送るための選択肢として、今後注目されることと思います。

　本書の「リバース・モーゲージの仕組みと役割」の部分は、立命館大学大学院政策科学科博士前期課程を修了するにあたり、学位論文として提出したものをまとめたものです。

本書の執筆にあたり、立命館大学の川口清史教授、関西大学の国府剛教授、大阪大学の大熊由紀子教授、神戸国際大学の中島克己教授にご指導いただきました。厚く御礼申し上げます。

　出版に際しては、神戸新聞総合出版センターの皆様に大変お世話になりました。

平成 29 年 1 月 1 日

中谷　庄一

参考文献

ケン・ショーレン著　筒井豊春・宮本巌・神谷秀樹訳
『リバース・モーゲージの手引き』東洋経済新報社（1995年11月30日）

住信基礎研究所　村林正次・山田ちづ子編著
『超高齢社会の常識　リバース・モーゲージ
　　―住み続けるための持ち家転換年金術』日経BP社（1997年）

木村文勝（三菱総合研究所政策研究部長）編著
『図解 少子高齢化の恐怖を読む』中経出版（1999年）

関西大学法学研究所成年後見制度研究班（主幹、国府剛）
『成年後見から権利擁護へ』

柏木哲夫　『ターミナルケアとホスピス』大阪大学出版会（2001年4月20日）

中島克己　『高齢社会における社会保障の財政問題』
　　　　　神戸国際大学経済経営論集（1999年12月25日）

朝日新聞論説委員室+大熊由紀子
『福祉が変わる医療が変わる―日本を変えようとした70の社説+α』
ぶどう社（1996年11月1日）

角瀬保雄・川口清史編
『非営利・協同組織の経営』ミネルヴァ書房（1999年3月20日）

大野吉輝　『社会保障政策論』勁草書房（1999年）

中島克己・林忠吉編
『日本の高齢化を考える―学際的アプローチ』ミネルヴァ書房（1995年）

山井和則　『体験ルポ　世界の高齢者福祉』岩波新書（1991年）

山井和則　『体験ルポ　日本の高齢者福祉』岩波新書（1994年）

鈴村　進　『名指導者　上杉鷹山に学ぶ』三笠書房（1997年）

門野晴子　『老親を棄てられますか』主婦の友社（1994年）

新井　誠　『高齢社会の成年後見法』有斐閣（1994年）

ひろさちや　『「般若心経」生き方のヒント』日本経済新聞社（1996年）

浅井　隆　『オレの老後をどうしてくれる！』第二海援隊（1997年）

小林和則　『高齢社会の資産活用術　リバース・モーゲージ
　　　　　その仕組みと問題点』清文社（1999年）

山井和則・斎藤弥生　『図解 介護保険のすべて』東洋経済新報社（2000年）

中谷庄一　『リバース・モーゲージと銀行の役割』（2001年）

厚生省監修　『平成12年度版厚生白書』㈱ぎょうせい（2000年）

総務庁編　『平成12年度版高齢社会白書』大蔵省印刷局（2000年）

総務庁長官官房高齢社会対策室編
『数字で見る高齢社会2000』大蔵省印刷局（2000年）

「週刊金融財政事情」（2000年３月６日）
「朝日新聞」（1998年９月15日、1999年11月27日）
「読売新聞」（2000年８月25日）
「日本経済新聞」（1999年８月22日）
「週刊朝日」（1998年７月31日、1999年11月19日）

[著者プロフィール]

中谷　庄一（なかたに しょういち）

高齢者問題研究家

1935年9月9日生まれ、大阪府出身
1958年3月　甲南大学経済学部卒業
1988年6月　㈱大和銀行定年退職
1995年9月　大和ファクターリース㈱退職
2001年3月　立命館大学大学院博士前期課程修了
2002年3月　大阪大学大学院人間科学研究科単位取得
2002年4月　関西大学大学院法学研究科単位取得
（NPO法人NALC会員）

（最近の主な活動）
1998年9月15日付 朝日新聞「論壇」に研究発表
　　　　　　　　テーマ「リバース・モーゲージと銀行の役割」
1999年12月 2日　NHKラジオ「いきいき倶楽部」（午前9時～9時45分）に出演
　　　　　　　　テーマ「リバース・モーゲージ」
2000年10月より　大阪府立茨木高校特別講師、大阪大・立命館大・甲南大などの
　　　　　　　　特別講師、その他講演会特別講師として活躍
2002年 8月15日　著書『リバース・モーゲージって何だ？』（文芸社）を全国出版
2003年11月23日　ニューヨークで「荒城の月」「月の沙漠」など、有名ホールで歌う
2004年 1月12日　高槻市文化事業団主催「花ざかりの人生に拍手」で講演と独唱
2005年 3月19日　高槻商工会議所主催「高槻クラブ」で講演
2009年12月12日　りそな銀行神戸支店主催「コンサートと経済講演会」に出演
2010年 3月13日　東京都世田谷区成城で、曹洞宗「耕運寺」主催文化懇話会で講演
2010年10月24日　千葉県御宿、「第一回月の沙漠音楽祭」に出演、特別賞受賞
2012年12月 8日　NHK神戸放送局トアステーションで「155歳のチャリティー
　　　　　　　　コンサート」に出演（NALC東神戸主催）ルミナリエに協賛
2013年12月 7日　兵庫県立美術館でチャリティーコンサート開催（NALC東神戸主催）
2014年 5月27日　東北・仙台での、NALC設立20周年総会に出席、地元を励ます行事
　　　　　　　　に参画、コーラスの一員として舞台で歌う
2015年 1月12日　兵庫県立美術館で、小児がんの子供達の施設「チャイルド・ケモ・
　　　　　　　　ハウス」を応援するチャリティーコンサート開催（NALC東神戸主催）
2015年 7月21日　大阪市西天満で、西中務弁護士企画、エートス法律事務所で
　　　　　　　　「リバース・モーゲージ」勉強会実施、約80人参加
2016年 2月10日　尼崎市、ホップインホテルで第205回「未来会」に招かれ講演する

103

高齢者の生活資金捻出の切り札

リバース・モーゲージ
持ち家があなたの老後を幸せにする

2017 年 1 月 27 日　第 1 刷発行

著者・発行者　**中谷 庄一**

制作・発売　　神戸新聞総合出版センター
　　　　　　　〒650-0044 神戸市中央区東川崎町 1-5-7
　　　　　　　神戸情報文化ビル 9 F
　　　　　　　TEL078-362-7140　FAX078-361-7552
　　　　　　　http://ec.kobe-np.co.jp/syuppan/html/
編集担当　　　浜田尚史
デザイン　　　山崎デザイン事務所
印刷所　　　　株式会社神戸新聞総合印刷

乱丁・落丁本はお取り替え致します。
ⒸShoichi Nakatani 2017,Printed in Japan
ISBN978-4-343-00920-3 C0033